编委会

幸福的味道

——幼儿园食育课程实践探索

四川大学出版社
SICHUAN UNIVERSITY PRESS

图书在版编目（CIP）数据

幸福的味道：幼儿园食育课程实践探索 / 谭芳，周亚主编. -- 成都：四川大学出版社，2024. 8. -- ISBN 978-7-5690-7038-5

Ⅰ．G613.3

中国国家版本馆 CIP 数据核字第 20246NS645 号

书　　名：幸福的味道——幼儿园食育课程实践探索
　　　　　Xingfu de Weidao——You'eryuan Shiyu Kecheng Shijian Tansuo
主　　编：谭　芳　周　亚

选题策划：张建全　唐　飞
责任编辑：唐　飞
责任校对：卢丽洋
装帧设计：墨创文化
责任印制：李金兰

出版发行：四川大学出版社有限责任公司
　　　　　地址：成都市一环路南一段 24 号（610065）
　　　　　电话：（028）85408311（发行部）、85400276（总编室）
　　　　　电子邮箱：scupress@vip.163.com
　　　　　网址：https://press.scu.edu.cn
印前制作：成都墨之创文化传播有限公司
印刷装订：成都金阳印务有限责任公司

成品尺寸：185 mm×260 mm
印　　张：12.5
字　　数：217 千字

版　　次：2024 年 12 月 第 1 版
印　　次：2024 年 12 月 第 1 次印刷
定　　价：78.00 元

本社图书如有印装质量问题，请联系发行部调换

扫码获取数字资源

四川大学出版社
微信公众号

目录

第一部分

食

追溯生长的力量
——食育课程之思

第一章 食育课程内涵及价值

第一节 食育及食育课程的内涵

一、食育

食育是以食物为载体或中介的教育，它通过引导幼儿了解食物的自然属性、科学属性、生活属性、文化属性、艺术属性来促进幼儿良好饮食行为的养成，实现饮食文化的传承。

二、食育课程

食育课程是以生活教育理论、儿童发展关键期理论为理论基础，以"食"为载体，围绕"源于食育、归于健康"的课程理念，以环境浸润、游戏贯穿、生活渗透、家园共育为路径，以一日生活中的食育和食育主题活动为抓手而展开的幼儿教育活动，旨在培养幼儿选择"食"的能力，激发幼儿对"食"的积极态度和情感，帮助幼儿掌握"食"的礼仪，养成良好的饮食习惯。

第二节 食育课程的价值

1.食育课程是实现儿童身心健康培育的重要途径

食育课程的价值，不局限于对儿童身体健康的培育，而是通过建构食物科学、饮食习惯、饮食文化等模块内容，充分挖掘饮食显性、隐性资源，用亲历、亲身、亲证的主要活动方式，达到对儿童身心健康的多种培育。一是育身：以解决挑食、偏食问题促进幼儿营养均衡，以提升健康饮食观促进幼儿预防疾病，以强化饮食行为促进幼儿建立良好饮食习惯；二是育心：借助食物"科学属性、艺术属性、社会属性、健康属性"等特有属性，可以达成对儿童的全面培育，促进儿童身心健康发展。

2. 食育课程是弘扬中华优秀传统文化的有机载体

食育课程作为弘扬中华优秀传统文化的有机载体，体现了勤劳、智慧、节俭、尊重与友善五大价值观。一是勤劳：幼儿参与种植活动，体会到劳动的艰辛与食物的来之不易，弘扬勤劳美德；二是智慧：在生活体验馆活动中，幼儿掌握食材选择、搭配与烹饪技巧，创新工具的使用，传承饮食智慧；三是节俭：通过餐前游戏、光盘行动、自主取餐等活动，幼儿自主饮食、避免浪费，还了解传统饮食中对果皮、菜根等边角料的巧妙利用，增强节约意识；四是尊重：主要体现在对食物及其制作者的尊重，了解菜品的文化背景与社会价值，尊重多元饮食文化；五是友善：幼儿通过共同准备和分享食物，懂得谦让、互助、分享等，增进同伴间的理解与友好关系。

第二章 食育课程目标及内容

依据《幼儿园教育指导纲要 (试行)》（以下简称《纲要》）及《3-6 岁儿童学习与发展指南》(以下简称《指南》) 精神，结合各相关领域发展关键经验，以及园本文化对儿童发展的希冀，我们制定了课程总目标以及各年龄段目标。

第一节 食育课程目标

一、课程总目标

食育课程总目标为：喜食、康食、雅食。

喜食：指向的是情感，即儿童对"食"的态度，对"食"的一种身心愉悦的感受和体验。充分挖掘食育活动的趣味性，开展幼儿喜闻乐见的食育活动，培养儿童对健康食物和健康饮食习惯的积极态度和情感。

康食：指向的是食育认知和操作能力。在认知方面，以"食"为中心点，让幼儿在自然的环境中、多彩的活动中逐渐获得与"食"相关的认知经验；在能力方面，使幼儿掌握与"食"相关的各类实践技能，获得以下三种能力：一是种植能力，二是食物制作能力，三是以食养生的能力。

雅食：指向的是饮食礼仪目标。在一日生活中的食育和食育主题活动中，以食物为线索，将饮食礼仪融入其中，使幼儿初步获得良好的餐桌礼仪，包括餐具的使用礼仪、感恩教育、节约资源教育，帮助儿童养成良好的饮食礼仪。

二、各年龄段目标

在课程总目标的框架下，根据《纲要》《指南》的要求，对小班、中班、大班幼儿的具体目标进行了细化，并与课程实施链接，以更好地落实课程，指导教师进行课程实施，促进幼儿的全面发展。表 1-1 为食育课程各年龄段目标。

表1-1　食育课程各年龄段目标

喜食	小班	1. 喜欢进餐环节。 2. 能以愉悦的心情进餐。 3. 喜欢各种节日，喜欢节日食物。 4. 喜欢有关传统饮食文化的故事、传说。 5. 喜欢摆弄、探索各种食物。 6. 喜欢品尝、体验各种味道。 7. 对有关食物的活动感兴趣。 8. 能主动接纳健康的新食物。 9. 在引导下，了解劳动者的艰辛，萌发感恩之情。 10. 愿意参与到播报食谱的活动中。 11. 喜欢听与食育有关的歌谣，观看食育童话剧等表演。 12. 乐于观看绘画、泥塑或其他艺术形式的食育作品。
	中班	1. 享受进餐环节，愿意参与进餐环节的各种活动。 2. 能以愉悦的心情进餐。 3. 爱惜食物，不浪费。 4. 喜欢探索食物，愿意参与有关食物的活动。 5. 喜欢通过艺术形式表达对食物的喜爱。 6. 体验栽种培育植物和制作食物的快乐。 7. 喜欢观看本土及其他地区菜品图片、短片，愿意品尝各种健康的新食物，感受食物的形、色、味。 8. 欣赏自然界和生活环境中食物的美，关注其色彩、形态等特征。 9. 能够专心地观看自己喜欢的美食作品、食育童话剧，有模仿和参与的愿望。 10. 欣赏美食作品时会产生相应的联想和情绪反应。
	大班	1. 珍惜食物，感恩父母、教师和厨房工作人员。 2. 喜欢与食物有关的活动，对活动有热情。 3. 善于通过艺术形式表达对食物的喜爱。 4. 享受制作食物和栽种培育植物的过程。 5. 能主动接纳健康的新食物。 6. 能以愉悦的心情进餐。 7. 愿意和别人分享交流自己喜爱的美食作品和食物美感体验。 8. 喜欢了解各地特产。
康食	小班	1. 能熟练地用勺子吃饭。 2. 愿意使用简单的餐具或厨具。 3. 在提醒下，愿意尝试剥、剔食物。 4. 在帮助下，愿意参与择菜、洗菜、切菜等食材准备活动。 5. 在提醒下，愿意尝试用搓、包、捏、团、搅等方法制作食物。 6. 初步了解常见食物的基本属性。

康食	小班	7. 能做到不吃过期食品、变质食品、霉变食品。 8. 能在成人的帮助下辨别变质食品。 9. 能辨别干净与不干净的食物。 10. 初步了解常见的烹饪方式，如煮、炒、凉拌等。 11. 了解食物制作过程中晾晒、烘干、压榨、发酵等不同的加工方法。
	中班	1. 能使用筷子吃饭。 2. 在提醒下，能使用简单的餐具或厨具。 3. 愿意剥、剔食物。 4. 在提醒下，能参与择菜、洗菜、切菜等食材准备活动。 5. 在提醒下，能使用擀、揉、搓、包、捏、团、压、搅、揪、拧、切等方法制作食物。 6. 在帮助下，能完成简单菜肴的制作。 7. 在帮助下，能选择自己擅长的方式播报食谱。 8. 了解常见食物的营养价值，在提醒下食用健康的食物。 9. 在提醒下，能根据食物的颜色、气味、存放时间辨别食物是否变质，不吃过期食品和变质食品。 10. 认识家乡的特色食物。 11. 了解中国居民平衡膳食宝塔中的食物种类。 12. 了解食谱，知道简单的食物搭配。 13. 能对食物进行多种方式的分类。 14. 知道腌制、风干、冷藏等食物储藏方法和条件。 15. 知道食物制作过程中晾晒、烘干、压榨、发酵等不同的加工方法。 16. 知道植物生长过程中需要阳光、空气、水、养料等自然资源。
	大班	1. 能熟练地使用筷子吃饭。 2. 能使用简单的餐具或厨具。 3. 能使用擀、揉、搓、包、捏、团、压、搅、揪、拧、切等方法制作食物。 4. 能主动择菜、削皮，以及剥、剔食物。 5. 知道常见食物的营养价值，能自主选择健康的食物。 6. 了解食物的保质期。 7. 了解食物与人体健康之间的关系，初步进行简单的食物搭配。 8. 能根据食物的颜色、气味、存放时间主动辨别食物是否变质。 9. 在教师讲解后，可以独立进行食物的制作。 10. 知道食物制作过程中晾晒、烘干、压榨、发酵等不同的加工方法及其原理。 11. 能认识、辨别、区分几种常见的调料。 12. 知道简单菜肴的材料准备和制作过程。 13. 知道腌制、风干、冷藏等食物储藏方法和条件，尝试使用不同的方法对食物进行储藏和保鲜。 14. 能够独立完成简单菜肴的制作。 15. 能用自己制作的食物布置餐桌，美化生活。

雅食	小班	1. 在引导下，不挑食、不偏食，喜欢吃瓜果蔬菜等新鲜食物。 2. 在提醒下，能定点、定时、定量进餐。 3. 在提醒下，能独立进餐，几乎不撒食物。 4. 知道应文明使用餐具。 5. 知道遵守就餐入座、离席礼仪。 6. 在提醒下，能基本遵守进餐规则。 7. 在提醒下，能用正确的方法漱口。 8. 在提醒下，懂得进餐时应细嚼慢咽。 9. 喜欢听、说、看各种有关饮食文化的内容。 10. 喜欢了解各地饮食习俗。 11. 热爱中国传统饮食文化，并具有民族自豪感。
	中班	1. 能不偏食、不挑食，不暴饮暴食，喜欢吃瓜果蔬菜等新鲜食物。 2. 能定点、定时、定量进餐。 3. 在提醒下，能保持正确的坐姿进餐。 4. 在提醒下，能文明使用餐具。 5. 感受规则的意义，能基本遵守进餐规则。 6. 在提醒下，能遵守就餐入座、离席礼仪。 7. 能主动擦嘴漱口，且方法正确。 8. 能分类整理餐具，收拾食物残渣。 9. 在提醒下，进餐时能细嚼慢咽。 10. 对大家都喜欢的美食，知道轮流享用并学会分享。 11. 知道家乡的饮食习俗和文化。 12. 了解节气饮食文化。 13. 知道不良饮食行为和习惯对人体有危害。
	大班	1. 了解偏食、挑食、暴饮暴食的危害，喜欢吃瓜果蔬菜等新鲜食物。 2. 保持正确的坐姿进餐。 3. 养成定点、定时、定量进餐的习惯，能根据身体需要合理安排餐食。 4. 能自主进餐，不撒食物。 5. 能主动参与餐前准备活动。 6. 知道细嚼慢咽对身体好。 7. 餐后能主动擦嘴漱口，且方法正确。 8. 餐后能有序整理餐具和清理桌面。 9. 能理解进餐规则的意义，并主动遵守。 10. 知道主动与他人分享美食。 11. 能与同伴协商制定食育游戏和活动规则。 12. 能自主做到文明使用餐具。 13. 能自主遵守就餐入座、离席礼仪。 14. 初步了解不同地区、民族、国家的饮食文化差异。 15. 初步了解国外饮食文化。 16. 尝试使用不同的餐具，如筷子、刀、叉等。

第二节　课程结构和内容

一、课程结构

食育课程的理念为"源于食育，归于健康"，课程目标为培养喜食、康食、雅食的幼儿。食育课程包括一日生活中的食育和食育主题活动两大板块。其中，一日生活中的食育包含习惯培养和礼仪习得两方面，习惯培养方面有自主进餐、小小管理员、值日小帮手等内容，礼仪习得方面有进餐礼仪、礼仪之星展评等内容。食育主题活动包含亲近食物、探秘厨房、宴席欢腾三大活动体系，亲近食物板块有蔬果飘香、农场探秘、寻味家乡系列食育主题活动，探秘厨房板块有玩转厨具、五味调和系列食育主题活动，宴席欢腾宴板块有晓春、映夏、荟秋、遇冬四个系列食育主题活动。具体课程结构如图 1-1 所示。

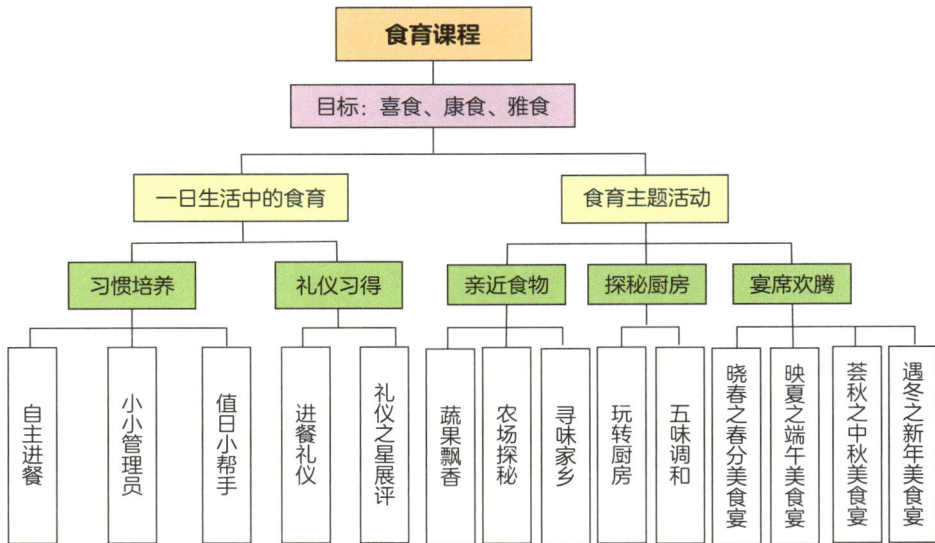

图 1-1　食育课程结构图

二、课程内容

课程内容的开发和实施是不断调整的动态过程，尤其是食育主题活动板块的内容注重预设和生成相结合，教师需要根据幼儿的兴趣及需求进行灵活调整。

1. 一日生活中的食育

在一日生活中，从习惯培养和礼仪习得两个维度进行活动设计，形成了每天、每周、每月、每期的课程内容体系，见表1-2。

表1-2　一日生活中的食育课程内容体系表

周期	每天	每周	每月	每期
内容	1. 自主喝水 2. 自主进餐 3. 值日生活动 4. 美食播报 5. 帮厨（大帮小） 6. 管理员活动 7. 班级生活区游戏	1. 班级好习惯之星（进餐） 2. 食谱设计 3. 生活体验馆 4. 美食街大创游 5. 种植区	1. 年级好习惯之星（进餐） 2. 家长监厨 3. 健康管理 4. 亲子美食厨房	1. 园级好习惯之星展评活动 2. 美食节活动 3. 美食研学活动 4. 家长美食课堂

2. 食育主题活动

课题组结合幼儿对食物的兴趣及发展需求，在食育主题活动中整合食物认知、植物种植、食物制作、饮食文化、饮食安全、饮食健康、饮食礼仪等食育内容，共形成了亲近食物和探秘厨房两个板块27个主题活动，以及以传统节气饮食文化为切入点的大型园级春夏秋冬宴席欢腾活动7个，见表1-3。

表1-3　食育主题活动课程内容体系表

板块	食育主题活动名称		
	小班	中班	大班
亲近食物	汤圆博览会	番茄种植记	五颜六色的凉粉
	水果多多	蔬菜大王	酸酸甜甜就是我
	亲子蛋糕DIY	"薯"于我们	遇"稻"一粒米
	枇杷分享会	有趣的黄豆	肚子里的火车站
	粗粮营养高	柠檬熟啦	四川美食汇

板块		食育主题活动名称		
		小班	中班	大班
探秘厨房		我的盘子会发光	面条博物馆	毕业聚餐会
		百变香蕉	蛋烘糕游戏店	豆腐体验馆
		神奇的蒸笼	玩转厨具	餐桌上的秘密
		多彩丸子	餐具碰碰碰	大运美食汇
宴席欢腾	晓春	逐春意,品艾蒿——"晓春之宴席欢腾"食育活动		
		桃花朵朵开——"晓春之宴席欢腾"食育活动		
	映夏	浓情端午,"粽"享童趣——"映夏之宴席欢腾"食育活动		
		大运美食汇——"映夏之宴席欢腾"食育活动		
	荟秋	圆圆月饼甜,浓浓中秋情——"荟秋之宴席欢腾"食育活动		
		探秘秋收,拾趣秋味——"荟秋之宴席欢腾"食育活动		
	遇冬	过了腊八就是年,一年一岁一团圆——"遇冬之宴席欢腾"食育活动		

第二部分

食

探寻幸福的味道
——食育课程之行

第三章 食育主题活动

第一节 小班主题活动

妈妈的味道

一、活动来源

小班幼儿由于初上幼儿园，会出现一定程度的生理和心理不适应，许多幼儿都存在哭闹和依恋家长的情况，特别是依恋妈妈。那对于幼儿来说，妈妈是什么味道的呢？在提出这样的问题后，幼儿纷纷回应，积极地表达着对妈妈的感受。在幼儿表述时，幼儿的分离焦虑得到了一定程度的缓解，至此"妈妈的味道"这一食育主题活动由此展开。

二、活动分析

（一）活动有意义

当我们与幼儿谈论"妈妈的味道"这一话题时，幼儿积极响应，甚至当越来越多的幼儿参与时，还吸引了个别原本情绪低落的幼儿，帮助他们转移了注意力，使他们开始加入讨论之中。同时，在这个活动中，我们不仅可以和幼儿共同探索多种食物的制作方法及作用，还可以邀请妈妈们走进幼儿园的生活体验馆，共同制作美味菜肴，让幼儿感受到妈妈制作美食的辛苦，感受妈妈的爱。

（二）活动资源丰富

本次活动中，幼儿园的生活体验馆或班级教室都可以作为实践场地，而教师和妈妈们就可以作为丰富的人力资源，给予幼儿指导，让幼儿获得充足的体验感。

（三）活动操作性强

本次活动中所涉及的食物能丰富小班幼儿的操作体验，例如：制作蛋羹时幼儿可以参与打蛋和搅拌，制作米糊时幼儿可以参与淘米，制作糖葫芦时幼儿可以参与清洗水果、切水果、串水果，制作番茄炒蛋时幼儿可以参与清洗番茄、切番茄、打蛋、搅拌等；同时幼儿还可以在美工区中运用黏土制作糖葫芦、运用拓印材料拓印糖葫芦和各种蔬菜，活动操作性较强。

三、活动目标

领域	活动目标
健康	1. 了解蛋羹、米糊、糖葫芦、番茄炒蛋的制作方法。 2. 体验制作各种小时候吃的辅食：蛋羹、米糊。了解蛋羹、米糊的营养价值。 3. 对食物感兴趣，愿意积极尝试各种食物。
社会	1. 为自己成功制作好糖葫芦而感到高兴。 2. 喜欢制作蛋羹、米糊、糖葫芦、番茄炒蛋的活动，并愿意参与其中。 3. 喜欢承担与食材清理或食物制作相关的小任务。 4. 能用自己的方式表达对妈妈的感恩之情。
语言	1. 愿意表达分享自己在"妈妈的味道"活动中相关的调查表。 2. 能主动询问与"妈妈的味道"相关的问题或事情。 3. 感受妈妈的爱，能用语言或非语言的方式大胆表达对妈妈的感恩之情。

领域	活动目标
科学	1. 能在成人的引导下尝试制作蛋羹、米糊、糖葫芦、番茄炒蛋，感知食物的不同样态。 2. 愿意动手参与清洗、切、搅拌食物，感受食材转变为食物的过程。 3. 愿意和妈妈一起走进厨房，动手探究制作美食的方法。
艺术	1. 能用线条表现小时候吃的辅食、与妈妈相关的甜食和妈妈做的菜。 2. 能用绘画的方式表达对妈妈的感恩之情。

四、活动网络图

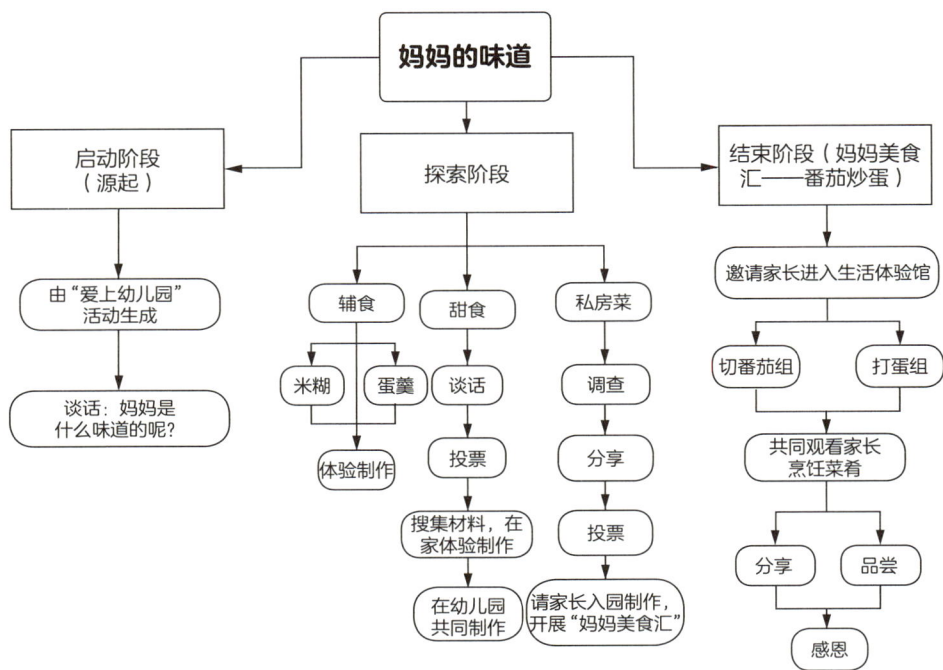

```
                        妈妈的味道
        ┌─────────────────┼─────────────────────────┐
   启动阶段              探索阶段              结束阶段（妈妈美食
   （源起）                                    汇——番茄炒蛋）
       │           ┌──────┼──────┐                  │
  由"爱上幼儿园"   辅食    甜食   私房菜      邀请家长进入生活体验馆
   活动生成     ┌──┴──┐   │      │          ┌────────┴────────┐
       │      米糊  蛋羹  谈话   调查       切番茄组         打蛋组
  谈话：妈妈是   └──┬──┘   │      │          └────────┬────────┘
  什么味道的呢？  体验制作  投票   分享           共同观看家长
                           │      │             烹饪菜肴
                      搜集材料，在  投票         ┌────┴────┐
                      家体验制作    │           分享      品尝
                           │   请家长入园制作，    └────┬────┘
                       在幼儿园    开展"妈妈美食汇"    感恩
                       共同制作
```

五、活动过程

（一）启动阶段

在谈话活动中，我们与幼儿一起讨论"妈妈的味道"。妈妈是什么味道的呢？旦旦说：

"是鱼味的，还有牛奶味的。"俊宇说："对，妈妈是鱼味的。"张豆豆说："妈妈是甜甜的味道。"艺涵说："我觉得妈妈是巧克力味的。"蔡豆豆说："妈妈是香香的草莓味的。"看到很多小朋友在积极地讨论着关于妈妈的话题，原本因为分离焦虑而情绪低落的娴娴也被话题所吸引，忍不住加入讨论之中，说道："妈妈是米糊糊的味道。"菡菡也接着说道："我妈妈是鸡蛋味的，妈妈最喜欢给我煮鸡蛋了。"其他小朋友也纷纷加入讨论，"妈妈是甜甜的糖葫芦味的""妈妈是牛奶味的，小时候我们都是喝奶长大的"……

幼儿对于"妈妈的味道"这一话题兴趣浓厚，似乎怎么说也说不完。根据幼儿的谈话内容，我们得知幼儿认知中的"妈妈的味道"主要分为三大类，分别是辅食、甜食和私房菜，于是我们便追随幼儿的兴趣开启了"妈妈的味道"这一食育主题活动。

反思与支持

1. 幼儿的能力发展

在谈话活动中，我们提出了一个开放性的问题，对幼儿的回答不做任何评价，只是鼓励幼儿大胆表达自己的感受，为幼儿创设了一个宽松自由的分享环节，让幼儿可以在谈话中大胆表达自己的想法和感受。在此次谈话中，很多幼儿在表达自己的感受时讲话清楚流利，在分享时还能回想到妈妈给自己制作美食与小时候喝奶的经验。在分享时，我们观察到平时很少主动发言的俊宇、娴娴、菡菡都积极主动地加入了其中，表达出自己的感受。

2. 幼儿最近发展区

在了解了幼儿对于"妈妈的味道"的相关兴趣之后，我们便基于幼儿可以参与的三类美食的活动内容、幼儿可以获得的经验和发展，分析幼儿可通过此主题探索获得关于食物认知、基本制作等经验。

3. 下一步方向

在了解了幼儿对主题活动的兴趣后，我们便追随幼儿的兴趣开展关于辅食、甜食和私房菜的探索活动，首先从幼儿小时候常吃的辅食开启探索之旅。

（二）探索阶段

1.妈妈的味道——小时候的辅食

很多幼儿小时候吃过米糊、蛋羹、蔬菜羹等食物，但却不知道这些食物是什么，为什么要吃这些食物。因此，我们就"什么是辅食""为什么小时候要吃辅食"等问题进行了谈话活动。通过谈话活动，幼儿明白了辅食是婴儿的食物，由于刚出生的婴儿没有牙齿，所以要通过辅食来补充营养。辅食是把很多有营养的食物磨碎煮成的黏黏的粥类食物。接着，我们再次通过谈话的形式了解幼儿关于辅食的已有认知及经验。

1）谈话

师："小时候你们吃过什么辅食呢？"

娴娴："我很小很小的时候，我妈妈和奶奶给我做过米糊。"

佳佳："我小时候也吃过米糊。"

菡菡："我妈妈给我做过蛋羹吃。"

豆豆："我也喜欢吃蛋羹，我妈妈也给我做过，我小时候很喜欢吃。"

师："那你们知道这些辅食是怎么做的吗？还想不想吃呢？"

娴娴："我知道米糊是怎么做的，就是在机器里做的，很香的。"

佳佳："米糊要用米做，就是一直煮。"

豆豆："蛋羹是用鸡蛋做的。"

师："这些辅食好吃吗？你们还想吃吗？"

佳佳："想，我想吃米糊。"

豆豆："我回家要请妈妈给我做。"

经过谈话我们得知，幼儿小时候有吃过米糊和蛋羹的经验，但对于其制作过程并不清楚，个别幼儿知道辅食所用的原材料，大部分幼儿对于再次品尝辅食兴趣较高。于是，我们和幼儿共同探索了制作蛋羹和米糊的过程。

2）蛋羹怎么做

蛋羹到底是怎么做的呢？我们一起通过观看视频的方式了解蛋羹的制作步骤，一共有四步：第一步是打蛋，第二步是搅拌均匀，第三步是过滤，第四步是放入蒸锅蒸。接着，我们便和幼儿一起开始制作蛋羹。

3）发现并解决问题

制作时，幼儿发现了"自己不会打蛋""碗里会掉蛋壳"的问题，当幼儿提出问题后，我们引导幼儿迁移自己的生活经验去想办法解决问题。

幼儿："老师，怎么打蛋呢？"

师："想想办法，妈妈是怎么打蛋的呢？"

当当："我奶奶是用两个蛋碰一碰，然后其中一个就破了。"

豆豆："可以碰一碰桌子边。"

师："你们可以用这些办法试一试。"

旦旦："打开了，但是蛋壳掉进去了。"

伊诺："我的碗里也有蛋壳了。"

师："怎么办呢？为什么会这样呢？"

书瑶："可以用勺子把蛋壳舀出来。"

浩宇："用手捡出来。"

菡菡："不能用手，手上有细菌。"

伊诺："我们打蛋的时候太不小心了，下次我们要慢一点，小心一点。"

师："那用你们的办法把蛋壳舀出来吧！"

4）制作蛋羹

在解决完打蛋的问题后，按搅拌均匀、过滤和放入蒸锅蒸的步骤一起操作体验，很快蛋羹便制作完成了。在整个制作过程中，我们一直鼓励幼儿操作体验，只有在放入蒸锅的时候由我们负责，最大限度地满足了幼儿的操作感。

完成蛋羹制作后，我们还与幼儿共同探索了米糊的制作，整个过程我们一直鼓励幼儿参与淘米、泡米，最后请幼儿全程参与熬煮米糊的环节，让幼儿体验了米糊的制作过程。米糊制作完成后，我们还和幼儿一起品尝了米糊，幼儿脸上满是喜悦和成就感。

搅拌蛋液　　　　　　　　过滤蛋液　　　　　　　　品尝蛋羹

清洗大米

熬煮米糊　　　　　　　　　　　　品尝米糊

5）幼儿的感想

在制作和品尝完蛋羹与米糊两种辅食后，幼儿感受到妈妈照顾自己的辛苦，纷纷用自己的方式表达了对妈妈的感恩之情。诗涵和佳佳说："我们想送给妈妈一个爱心，妈妈辛苦了。"俊宇和夕夕说："妈妈辛苦了，我们要回家抱抱妈妈。"还有的小朋友则是用绘画的方式表达了自己对妈妈的感谢。

钠钠："我要买很多糖送给妈妈。"

俊宇："我最喜欢赛车，长大后我要送妈妈赛车。"

豆豆："我要送给妈妈很多好吃的，送气球和冰糕。"

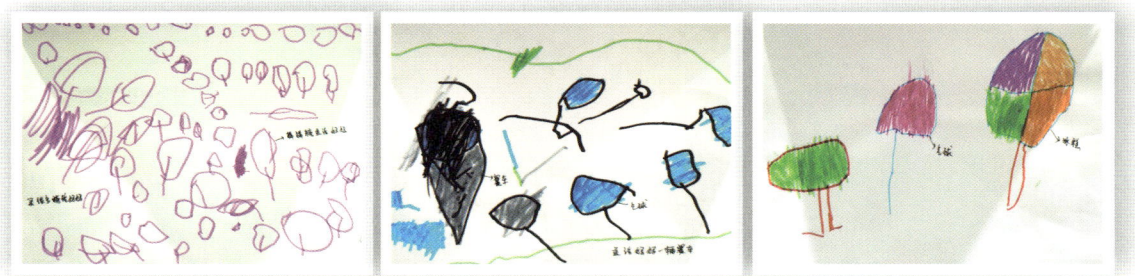

| 送妈妈糖 | 送妈妈赛车 | 送妈妈气球和冰糕 |

反思与支持

1. 幼儿的能力发展

在与幼儿共同探索辅食蛋羹和米糊的制作过程中，幼儿不仅了解了辅食的作用，还学习了蛋羹和米糊的制作方法。在蛋羹的制作过程中，幼儿还能在教师的引导下通过迁移自己的生活经验去解决打蛋和碗里有蛋壳的问题，并最终完成制作。幼儿通过亲身体验两种辅食的做法，感受到妈妈照顾自己的辛苦，激发了幼儿对妈妈的感恩之情，最后幼儿也用多种多样的方式向妈妈表达了感恩之情。值得一提的是班级中的佳佳，据其家长反映佳佳在家从来不吃蛋羹，但班级开展了制作蛋羹活动后，佳佳竟然主动向家长反映蛋羹很好吃，家长都十分惊讶幼儿的变化。还有很多家长反映，之前幼儿不喜欢吃蛋羹，但通过本次活动后，幼儿都能接受吃蛋羹。由此案例可见，实践性的食育活动能够转变幼儿的饮食习惯，改善幼儿的挑食偏食行为。

2. 幼儿最近发展区

制作蛋羹和米糊两个活动，进一步激发了幼儿对食育活动的兴趣，但在活动开展过程中很多幼儿对身边常见的食物了解较少，在实践操作时动手能力还需要进一步发展。

3. 下一步方向

在与幼儿探索制作辅食蛋羹和米糊活动中，我们看到幼儿对食育活动的兴趣和积极的态度，同时也通过家长的反馈了解到食育活动对幼儿饮食习惯的转变，下一步我们将继续追随幼儿的兴趣，开展甜食的探索活动，增强幼儿的实践动手能力。

2. 妈妈的味道——甜甜的糖葫芦

1）投票

哪种甜甜的食物最像"妈妈的味道"呢？每个幼儿都有自己的答案。菌菌说："糖葫芦最甜了，糖葫芦最像妈妈甜甜的味道。"文杰说："妈妈喜欢吃糖葫芦，我也喜欢吃糖葫芦，糖葫芦最像妈妈的味道。"……经过全班幼儿的投票，多数幼儿认为糖葫芦的甜味最像妈妈的味道，由此我们展开了有关糖葫芦的食育活动的探索。

投票统计图

2）糖葫芦知多少

为了了解幼儿对糖葫芦的已有认知及经验，我们开展了"甜蜜糖葫芦"亲子大调查，在调查活动中家长和幼儿一起讨论糖葫芦的特征、做法和味道，调查后幼儿回到班级将自己的调查结果进行了展示和分享，并表达了关于糖葫芦的想法。

伊诺："糖葫芦是圆圆的，外面有一层糖浆，所以甜甜的。"

茜茜："糖葫芦有各种口味的，有草莓、山楂、苹果口味。"

俊宇："把水果洗干净，然后切开，最后用竹签串起来裹上糖浆就制作完成了。"

菡菡："我想知道糖葫芦外面的糖浆是怎么做的？"

豪豪："草莓和苹果怎么切呢？我也想切一切，想自己做糖葫芦吃。"

3）在家亲子制作

在开展了关于糖葫芦的调查活动后，很多家长也对制作糖葫芦产生了兴趣，纷纷带着幼儿在家制作糖葫芦。家庭中爸爸妈妈一对一甚至二对一的指导，让幼儿对糖葫芦的制作步骤了解得更加清楚，同时也进一步激发了幼儿对制作食物的兴趣。

4）收集材料

随后，班级发起了制作糖葫芦的食育活动，幼儿积极参与其中，并在家长的配合下主动为活动收集材料，有的幼儿将家里的各种水果带到班级，还有的幼儿准备了竹签，而班级教师则为幼儿准备了菜板和儿童安全刀。

5）制作水果糖葫芦

材料收集完成，班级的各项准备工作也做好了，班级教师和幼儿一起开始了水果糖葫芦的制作，从清洗水果到切水果、串水果、熬糖浆、裹糖浆，每一步都鼓励幼儿亲身体验，教师只是在一旁保障幼儿的安全。

在制作完成后，幼儿开心地品尝着自己独立制作的糖葫芦，脸上洋溢着甜蜜而又自信的笑容。

制作糖葫芦

展示糖葫芦

品尝糖葫芦

反思与支持

1. 幼儿的能力发展

活动中我们通过开展亲子调查以及采用投票的方式来解决问题，让幼儿体验了通过家长来获取知识与经验的方法，并有了在集体面前分享和讲述来大胆展示自己的初次体验，这不仅提高了幼儿的语言表达能力，也增强了幼儿的自信心。在美食制作活动中，幼儿能够在教师的提醒下独立完成糖葫芦的制作，自己清洗水果、切水果、串水果等，幼儿的动手操作能力有了一定程度的提高。

2. 幼儿最近发展区

在制作糖葫芦的过程中幼儿初步体验了调查和投票的方法，但只认为投票是一种选择游戏，对其作用了解并不深刻，没有感受到运用这两种方法的便捷与益处，不清楚调查和投票可以让我们尽快了解和收集信息。与此同时，班级中还有部分幼儿不敢在集体面前展现自己。

3. 下一步方向

鉴于前期幼儿对于"妈妈的味道"这一话题的兴趣，我们将和幼儿共同探索"妈妈的私房菜"这一话题。在这一话题中，我们需要思考怎样在活动中进一步发展幼儿大胆分享和讲述的能力，同时利用活动帮助幼儿进一步感受调查和投票的便捷。

3. 妈妈的味道——私房菜之番茄炒蛋

1）我们的调查

每个妈妈制作的私房菜都是不同的，幼儿最喜欢妈妈制作的什么菜呢？幼儿最喜欢妈妈制作的菜肴会相同吗？为了了解幼儿最喜欢妈妈制作的菜肴，班级进行了"妈妈的味道——私房菜"调查活动。调查结束后，我们请每位幼儿上前分享自己的调查结果。幼儿的分享和调查表的结果显示：有 50% 喜欢妈妈制作的番茄炒蛋，20% 喜欢妈妈制作的炒土豆丝，10% 喜欢妈妈制作的红烧肉或土豆焖牛肉，10% 喜欢妈妈制作的饺子、抄手等，还有 10% 喜欢妈妈制作的蛋羹、炒青菜等。

2）投票

尽管调查统计结果显示 50% 的幼儿最喜欢妈妈制作的番茄炒蛋，但为了尊重幼儿的想法，同时也为了让幼儿理解和感受投票的意义，班级仍然开展了一次投票活动。我们将调查中提到的每种食物都画在图表上，请幼儿通过贴笑脸贴纸的方法进行投票。投票结果显示，第一项番茄炒蛋票数最高。看到贴纸的数量，幼儿也明白了投票的意义。

美食投票

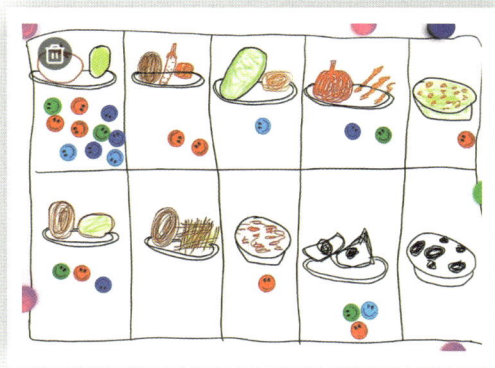

投票统计图

3）发起"妈妈美食汇——番茄炒蛋"活动

很多幼儿都喜欢妈妈制作的番茄炒蛋，我们可以在幼儿园制作番茄炒蛋，但是教师没办法做出"妈妈的味道"，怎么办呢？我们将"没有妈妈来制作番茄炒蛋"的问题抛给幼儿，俊宇马上说道："可以请我妈妈来做，我妈妈会做番茄炒蛋，她可以来给我们做。"菡菡也说道：“我妈妈也会做番茄炒蛋，她也可以来给我们做。”在幼儿的热情邀请下，班级征集了3位家长进班来参与制作番茄炒蛋。

反思与支持

1. 幼儿的能力发展

在此次分享活动中，幼儿相较上次进步了很多，能够大胆分享妈妈制作的美食，大胆介绍自己和家人一起完成的调查表。本次的投票采用粘贴笑脸贴纸的方式，请幼儿轮流上前选择，最后利用图表，让幼儿直观了解哪一种食物是最多人喜欢的，也让幼儿感受到了统计和投票的意义。

2. 幼儿最近发展区

在制作辅食蛋羹时幼儿打蛋的技能还需进行练习，在制作糖葫芦时幼儿也只能切一些软的水果，在制作番茄炒蛋的准备工作中，幼儿再次体验打蛋和切菜这两项技能，此次的操作活动是一次再次练习的机会。

3. 下一步方向

制作番茄炒蛋的准备工作已完成，下一步则是邀请家长并组织幼儿共同制作番茄炒蛋，在活动中我们需有意识地引导幼儿自己打蛋、切番茄，帮助幼儿体验和学习打蛋和切菜这两项技能。

（三）结束阶段

1. 幼儿分组体验打蛋和切番茄

制作番茄炒蛋活动开始，幼儿根据兴趣自动分为了打蛋组和切番茄组，两组分别由一名教师进行指导。在活动中，被邀请的三位家长都在幼儿旁边指导幼儿操作。打蛋组在第一次打蛋时，操作情况不好，很多幼儿都需要成人进行指导，但在家长和教师的耐心引导和鼓励下，第二次打蛋时大部分幼儿都能独立完成打蛋，只有极个别幼儿需要教师帮助。切番茄组在初次尝试切番茄时，很多幼儿因番茄的皮较韧而不能顺利切开，在家长帮助幼儿将番茄对半切开后，幼儿便能自己独立完成切番茄的活动，并努力将番茄切成小小的丁状备用。

打蛋组

切番茄组

2. 观摩家长烹饪番茄炒蛋

所有准备工作完成后，便到了观摩妈妈烹饪番茄炒蛋的时候了，所有的幼儿坐回到椅子上，开始观看三位妈妈制作番茄炒蛋。随着妈妈的翻炒，番茄炒蛋的香味布满了整个生活体验馆，幼儿也激动地给妈妈们鼓掌加油。

观摩妈妈切菜

观摩妈妈炒菜

3. 分享品尝

番茄炒蛋做好后，妈妈们端着番茄炒蛋来到教室给每位幼儿盛菜。每个幼儿在给妈妈们道谢后便大口大口地吃着香喷喷的菜肴，班级中有多名幼儿做到了光盘行动，将碗里的菜和饭吃得干干净净。

妈妈分餐　　　　　　　　品尝番茄炒蛋　　　　　　　　开心光盘

4. 幼儿的感受

吃完后很多幼儿表示这是他吃过的最好吃的番茄炒蛋。活动最后，所有的幼儿起立面对三位辛苦制作的妈妈，用比爱心的方式向她们表达了感恩之情。

反思与支持

1. 幼儿的能力发展

番茄炒蛋制作活动帮助幼儿再一次巩固了前面打蛋和切菜的生活技能，让幼儿通过多次的实践习得打蛋和使用儿童安全刀切菜的能力。同时，通过与妈妈一起走进厨房，近距离观看妈妈制作菜肴，让幼儿感受到了妈妈在家做菜的辛苦，理解了食物与妈妈的关系，知道了每一道菜都是妈妈对自己的爱。

2. 教师的反思与支持

活动中我们邀请妈妈进班来与幼儿共同制作菜肴，并且引导幼儿一起准备食材，在活动中鼓励幼儿大胆尝试，大胆操作，给予幼儿最大限度的操作机会，提供相应的场地和基本工具，以保证活动安全、顺利地进行。

六、活动反思

（一）活动中注重操作，过程中真实体验

新西兰国家早期教育课程框架"理想宣言"提出："儿童是以有能力、有自信的学习者和沟通者的身份成长的"，我们相信幼儿是有能力的，尊重幼儿在活动中的每个表达和每个想法。因此在这次食育主题活动中，我们基于幼儿的兴趣，在保证幼儿安全的情况下给予幼儿最大量的操作体验机会，让幼儿在实践操作中进行学习并获得经验；同时做到尊重和信任幼儿，放手让幼儿多次尝试，允许幼儿的失败和不成功，让幼儿在一次次的实践中慢慢变得优秀。

（二）活动中放手幼儿，过程中成就老师

在"妈妈的味道"这一食育主题活动中，班级中的三位教师信任和尊重幼儿，根据幼儿的兴趣推进活动，注重活动中幼儿的真体验和真感受，重视通过实践操作来获得经验。在活动中我们看到幼儿在教师放手的状态下，能够大胆自主地表达自己的想法，能够在教师的引导下自行完成制作糖葫芦、打蛋、切菜等活动，能够运用多种方式向妈妈表达感恩之情，这些不仅是幼儿成长和发展的过程，同时也是教师进步和发展的过程。

（三）活动中真实感受，过程中真心感动

在本次食育主题活动中，很多幼儿回家后积极与家长分享在园制作蛋羹、米糊、糖葫芦、番茄炒蛋的活动，很多原本不吃蛋羹、番茄的幼儿也在家主动要求家长烹饪，家长们正是通过幼儿在活动中积极参与的状态和班级分享的活动精彩瞬间了解了食育活动的魅力，同时真实体验了食育活动转变幼儿饮食观的过程。很多家长表示通过幼儿园食育活动这样的实践操作，让幼儿真实接触和感受食物，不仅丰富了幼儿对食物的认知，也提升了对食物的积极体验，甚至还能改善幼儿的挑食偏食行为。

（教师：冯芳、赖通芬、钟萍）

我爱吃水果

一、活动来源

在餐点环节，经常听到孩子们发出"老师，他不吃水果""老师，他把水果倒掉了"的"告状"声。经过一段时间的观察，发现班级幼儿出现不吃水果或没吃完就倒掉的情况较多，并且有偏爱某一两种水果，不喜欢吃其他水果的现象。

为了了解班级孩子们的具体情况，我们及时制作了请家长填写的"水果喜好调查表"，调查结果显示超过 50% 的幼儿不喜欢吃水果，并且呈现出以下两大特点：

（1）班级大部分幼儿不喜欢吃带酸味的水果，如菠萝、柚子、橘子等。

（2）班级幼儿不喜欢的水果各不相同，如有的幼儿喜欢吃草莓、圣女果、哈密瓜等，而有的幼儿却不喜欢这些水果，喜欢的是苹果、西瓜、梨等。

二、活动分析

（一）活动富含多种探究契机

在水果主题下，可以从外形、味道、颜色与种子等方面探究水果的特征，同时可以探究水果的不同生长环境、水果对人体的价值，以及探究榨果汁、做水果粥、制作水果冰糖葫芦等多种吃法，从而丰富幼儿对水果的认识与想象，让幼儿爱上吃水果和能吃不同水果。

（二）龙泉驿水果资源丰富

龙泉驿是"水果之乡"，有多个水果采摘基地。同时市场上有多类水果供应，能够满足活动探索需求。

三、活动目标

领域	活动目标
健康	1. 通过调查，初步了解水果与人体健康的关系。 2. 知道不挑吃、不偏吃某种水果的好处。
社会	1. 能根据自己的兴趣选择水果的不同做法。 2. 能够在探究水果活动中，遵守集体规则。 3. 初步萌发合作意识与行为。
语言	1. 喜欢跟读韵律感强的水果儿歌、童谣，学唱与水果相关的歌曲。 2. 在教师的引导下，感受与水果相关的文学语言的韵律美和意境美。 3. 用简单的词汇描述水果的颜色、外形特征和味道。
科学	1. 感知、对比水果的外形、味道、颜色与种子的特点。 2. 了解水果的生长过程。 3. 探索水果的不同做法。
艺术	1. 在学习水果歌曲的活动中经常自哼自唱或模仿有趣的动作、表情和声调。 2. 运用绘画、手工等方式，进行与水果相关的创作。

四、活动网络图

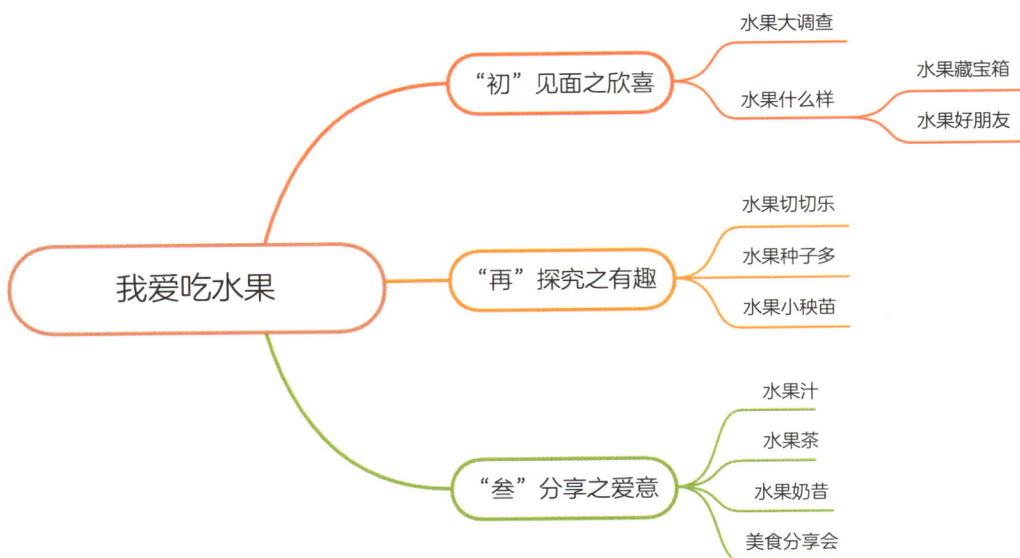

```
                                        水果大调查
                    "初"见面之欣喜                      水果藏宝箱
                                        水果什么样
                                                      水果好朋友

                                        水果切切乐
  我爱吃水果          "再"探究之有趣      水果种子多
                                        水果小秧苗

                                                      水果汁
                                                      水果茶
                    "叁"分享之爱意                      水果奶昔
                                                      美食分享会
```

五、活动过程

"初"见面之欣喜

（一）"水果知多少"团体讨论

为了了解孩子们对水果主题是否感兴趣，以及孩子们对水果的已有认知及经验，我们利用水果餐点环节开展了第一次团体讨论。当老师问到"你知道哪些水果"时，孩子们都争先恐后地告诉大家自己知道的水果。

思懿："我知道葡萄。"

月月："我知道苹果，还有梨子，苹果是红色的，梨子是黄色的。"

檬檬："我还知道樱桃和橘子。"

晨晨："我知道香蕉。"

虽然有很多的孩子表达了自己对水果的认识，但孩子们的现有认知及经验仅停留在水果的名称及部分水果的颜色，并且局限于几类常见的水果。

（二）"水果大调查"实地参访

为了让孩子们获取水果的更多信息，萌发更多的探究兴趣点，我们让家长和孩子们一起利用周末，探访水果园、水果市场以及寻找家里有的水果，并形成自制的亲子"水果大调查"记录单。

幼儿调查水果

（三）"观察到的水果"分享会

实地调查后的经验分享，是孩子们建立共同经验的重要途径。此次分享，突破了只分享调查单的传统形式。部分孩子在实地探访了水果基地后，将采摘的水果带回幼儿园，进行了实物水果分享。

1."我带来的水果"实物分享

1）草莓像什么

梦洁将她的一筐草莓端到桌上说："这是我和妈妈去草莓园摘的草莓，它是红色的。"为了引导幼儿说出更多的信息，我提问道："看看草莓还有什么秘密呢？"话音刚落，卓辰立即站起来说："草莓上面尖尖的，下面有点宽，像小山。"随后，萌萌也大声地说："把草莓倒过来，还有点像爱心。"

2）蓝莓是黑色还是蓝色

小米在分享她带来的蓝莓时，说蓝莓是黑色的。这时，旭旭立即问："为什么蓝莓是黑色的，不是蓝色的呢？它不是叫作蓝莓吗？"旭旭的这个问题引起了大家的共鸣。

怎样才能辨别蓝莓的颜色呢？孩子们被这个问题难住了，都没有想到好的办法。我便问道："教室里还有什么是黑色的呢？"这一问题引发了孩子们的观察和思考，都很积极地寻找教室里黑色的物品。虫虫很快发现了我们平时用的扩音器就是黑色的。虫虫和小伙伴拿了一颗蓝莓放在扩音器上对比了一下，发现蓝莓没有扩音器那样黑。那蓝莓是蓝色的吗？有了寻找参照物进行对比的经验后，孩子们快速地找到了班级美工区的蓝色背景板。琪琪拿了一颗蓝莓放到蓝色的背景板上，再次对比后发现："蓝莓也不像蓝色背景板那样蓝呀？"既不是蓝色也不是黑色，这可难住了小朋友们。这时年龄稍长一些的晨晨调动了他更为丰富的颜色认知经验，说道："这个是深蓝色，是比蓝色还要深一点的颜色。"我立即赞同了晨晨的观点，并借机引发下一次探索，向班级孩子们建议道："晨晨认识很多种颜色，我们明天玩区角游戏的时候，可以找一找深蓝色，看看是不是和蓝莓的颜色一样。"

面对小班孩子探索经验不丰富、认知经验不足的特点，老师利用语言引导幼儿进一步探究显得格外重要。孩子们按照老师的建议，快速地掌握了寻找参照物进行对比的方法来辨别颜色，并且运用到后期的探索中，内化了探究方法。更重要的是，孩子们在辨别颜色的过程中，对其他更多的颜色有了进一步的认知。

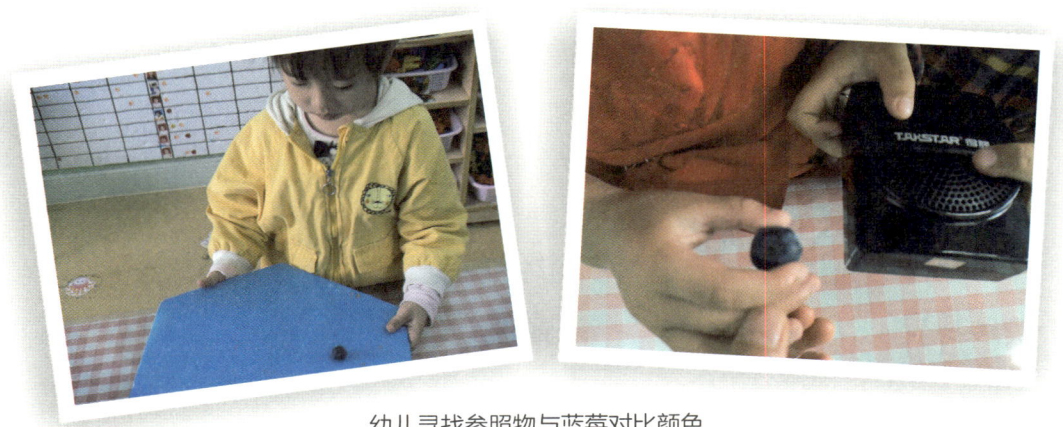

幼儿寻找参照物与蓝莓对比颜色

3）是葡萄还是提子

琪琪在介绍自己带的提子时，引发了另外一个疑问，琪琪将提子介绍为葡萄，并且班级大多数小朋友都没有提出质疑，只有萌萌说："葡萄是紫色的。"我立即追问道："大家仔细观察一下，琪琪手上的水果是什么颜色的呢？"月月说："有一点点红红的。"当我问到那这个水果是葡萄吗，大部分孩子很确定地告诉我说："是葡萄。"小班的孩子反思能力还比较弱，更多地专注于刚才琪琪的介绍，对葡萄这个答案深信不疑。

如何让孩子们通过自己的探索明确这个水果的真实名称呢？我立即反问道："葡萄不是紫色的吗？这个水果有点红红的呀。"现场沉默了几秒钟后，孩子们便有了寻找答案的方法。思懿说："找个葡萄比一比，不就知道了吗？"看来寻找参照物进行对比的方法孩子们已经运用自如了。

由于当天下午临近放学，我们便将琪琪带来的提子人手一颗分发给孩子们，让孩子们自己去寻找答案。有的在家里找到了葡萄做对比，有的则是去商场寻找葡萄做对比。

最终孩子们一致认同琪琪带的水果不是葡萄而是提子。孩子们还形成了自己的调查记录单，并且踊跃地告诉老师和同伴们，葡萄是圆圆的、紫紫的，提子是圆圆的、有一些红又有一些紫，蓝莓是深蓝色的，但是比葡萄和提子都要小一些。

4）我也想带水果

没有带实物水果来分享的小朋友，采用集体、小组和个人分享调查单的形式，分享了自己调查到的水果。

还有许多的孩子分享了在初次谈话活动中没有说到的水果种类，孩子们对水果的认识从常见水果的颜色逐渐丰富到了对更多种类水果的形状、大小及外观的认识。

通过调查单分享已经满足不了孩子们对水果的好奇心，在蜀稚、杰杰等几名孩子提出自己也想带水果来跟小朋友们分享后，班级孩子们都跟老师提出了这个迫切的想法。为了支持孩子们对水果产生的浓厚兴趣和激发对水果更多的探索，老师便提议孩子们都可以带一种自己喜欢的水果来幼儿园。

（四）再识水果

1. 猜猜这是什么水果

由于孩子们对水果的外显特征有了一定的了解，因此对于如何分享孩子们带来的水果，我们没有采取常用的拿着水果介绍的方法，而是让他们将自己带的水果藏在"魔法箱"里，请小朋友来摸一摸、闻一闻、闭着眼睛尝一尝。这样，通过多种感官了解水果，他们对水果的描述词也逐渐丰富起来，如香香的、酸酸的、脆脆的、甜甜的等。

2. 水果有哪些"好朋友"

将孩子们带的水果装盘一一放在桌上后，妮妮拿起一个圣女果，告诉身边的恩恩说："这个是圣女果，红红的，特别甜。"恩恩立即从旁边的盘子里拿出一颗苹果说："苹果也是红红的啊。"萌萌和星宝也出现了同样的颜色配对行为，她们找到了都是黄色的梨子和香蕉。霏霏和月月则一个抱着西瓜一个拿着橘子说："西瓜和橘子都是圆圆的。"孩子们都热衷于寻找"水果宝宝"的共同特征，因此萌发了新的游戏"水果有好朋友"。"水果宝宝"还可以按照什么特征找到"好朋友"呢？最终孩子们按照颜色、形状、大小、触感、吃法、味道六大类给水果找到了"好朋友"。

反思与支持

1. 幼儿的经验与成长

最初幼儿对水果的认知只是停留在水果的名称及部分水果的颜色，并且局限于几类常见的水果。随着多次调查与分享交流，幼儿对于水果的关注点逐步丰富，有的关注的是水果的形状和颜色，有的关注的是水果的大小和习性，有的关注的是水果的生长方式，还有的关注的是水果的功效及营养价值。这既是后期开展活动的重要依据，也是孩子们探索过程中重要的学习资源。

在认识水果特征过程中产生了许多问题，幼儿及时地迁移老师提供的"找物品进行对比"的经验，不仅解决了"蓝莓是黑色还是蓝色"的问题，还使用同样的方法找到了"是葡萄还是提子"的答案，逐渐树立了问题意识，并且产生了解决问题的主动性。

通过观察、触摸、品尝等感官感知，幼儿逐步感受到水果有各种大小、各种颜色，有的表面是光滑的，有的表面是粗糙的，并且有的水果是洗了就可以吃，有的是削皮吃，有的是切开吃。多种多样的特点让幼儿既好奇又欣喜，对水果的兴趣也逐渐提高。在兴趣的驱动下，班上的幼儿尝试品尝了多种水果。

2. 教师的支持与反思

当幼儿的经验不足时，教师应及时思考引导幼儿积累经验的策略。对于水果有哪些种类及水果的生长方式等问题，实地调查是最直观的方式，可以调动幼儿感官与真实的材料进行接触，帮助幼儿快速地建立经验，丰富幼儿对水果的认知，调动幼儿的兴趣，为后续探索奠定基础。

在探索过程中，幼儿经过多次思考没能解决的问题，教师应及时给予支持，引导幼儿逐步掌握解决问题的方法，树立主动解决问题的意识。

通过直接感知、亲身体验、实际操作的方式，让幼儿转变对水果的态度，这是切实有效的。在幼儿逐渐对水果感兴趣的基础上，引导幼儿再度探索水果，引发幼儿的好奇心，这是非常有必要的。

"再"探究之有趣

（一）水果里面是什么样的

在探究水果怎么吃时，老师将哈密瓜竖着切开了。这引发了孩子们关于水果内部的讨论。

俊烨："哈密瓜里面是黄色的。"

霏霏："哈密瓜里面这个（瓜瓤）好像毛毛虫呀。"

卓宸："切开了也像椭圆形。"

老师："其他水果切开后是什么样的呢？"

杰杰："苹果切开以后不是红色的哟。"

袁梦："里面有米米（籽）。"

妮妮："橘子切开就是一瓣一瓣的。"

瑶瑶："橘子切开里面有水。"

于是老师将其他种类的水果分别用横切与竖切的方式切开放到盘子里，孩子们瞬间"哇"声一片，纷纷述说着自己更多的发现。

（二）水果里面的黑点点是什么

在观察切开的水果时，俊烨指着木瓜中间的黑点大声问："老师，木瓜里面有好多的黑点点啊？是什么呀？"是什么呢？孩子们又一次交流了观点。

航航："黑色是因为水果坏了吧。"

煊奕："是不能吃的。"

汐汐："本来木瓜里面就有这个。"

洋洋："是木瓜的米米（籽）。"

为了给孩子们解答这一疑问，老师找到关于水果种植的视频。孩子们观看了视频后，对水果籽有了新的认识。

佳佳："吃了水果后，吐出来的是水果的籽。"

月月："埋到土里，会发芽，还会长大。"

蜀稚："可以结果果。"

小米："那个叔叔说是种子。"

孩子们明白了，原来木瓜中间黑黑的颗粒就是木瓜的种子。其他的水果种子在哪里呢？都是黑色的吗？这两个问题没有难住孩子们，他们纷纷找到了水果中间黑色的、白色的种子。同时孩子们还使用绘画的方式记录了自己观察到的水果切面与种子的样子。

幼儿绘制水果切面与种子

（三）草莓的种子在哪里

吃到草莓时，孩子们发现草莓中间没有种子，草莓的种子在哪里呢？我们建议孩子们再仔细观察一下草莓。细心观察后，许多孩子发现草莓上有白色的小点点。这是草莓的种子吗？瑶瑶、婷婷等几位小朋友都说"是"。同时孩子们在书中也找到了答案。至此，孩子们了解到草莓和其他的水果不一样，草莓的种子是长在水果表面的。

（四）怎样播种水果种子

孩子们对于种子可以结出果实充满了好奇，很多孩子都提出想要将种子种在土里的想法。

老师："怎样播种水果种子呢？"

晨宇："要把种子埋在土里。"

锐锐："要给种子浇水。"

恩恩："要挖一个洞洞，把种子丢在里面。"

老师："之前我们看的种水果的视频里，叔叔吃了水果后，做了什么事情呢？"

萱萱："要把种子洗一洗。"

然然："还给种子晒了太阳。"

袁梦："把种子种到盆子里。"

孩子们在获取了种植的经验后，立即提出要洗水果种子，还将种子放到楼下进行晾晒。

在保安爷爷的帮助下，孩子们有的将种子播种到种植地里，有的在盆栽里进行种植。同时孩子们还制作了养护的标识牌，分组照顾小秧苗。

幼儿晾晒种子及浇水

（五）水果长在哪里

播种后，孩子们都很期待水果种子快快发芽与长大，并且开始讨论水果长在哪里的话题。为了帮助孩子们建立起对水果生长方式更加直观的感知，老师在主题墙上制作了藤与树，孩子们通过翻阅调查表，根据自己找到的答案，将用黏土制作的水果模型粘在相应的位置，以情景化的形式呈现出水果的生长方式。

反思与支持

1. 幼儿的经验与成长

幼儿在探索水果吃法时，切开的水果引发了幼儿对水果内部的讨论，从而开启了对水果更多特征的探索。幼儿关注到水果种子后，对水果种子没有相应的认知。幼儿通过多次观看视频资源中他人吃完水果后，用种子进行种植，种子从生根、发芽、长大到结果，知道了原来水果中间黑黑的、硬硬的小颗粒就是水果的种子，并且产生了种植的兴趣。在寻找草莓种子时，幼儿通过多次探索，最终成功寻找出草莓的种子，同时也知道原来水果的种子并不都是长在水果里面，幼儿对水果的探究兴趣越来越浓。

每位幼儿都参与到清洗、分类、晾晒与种植水果种子的过程中，并且分组照顾水果种子及水果秧苗。幼儿对水果种子发芽及长大充满了期待。同时，将水果依据生长方式放置到情景化的环境创设中，幼儿既巩固了对水果生长方式的认知，又增强了对水果的探索兴趣。

幼儿对水果种子感兴趣后，如何将水果中的种子取出来呢？好奇心再次驱使幼儿将各类水果都吃掉。不喜欢吃水果的幼儿也并没有排斥水果，反而将各类水果都吃光了。

2. 教师的反思与支持

当幼儿对种子产生兴趣及疑问，教师尝试引导幼儿通过讨论获取经验，但班级幼儿都没有相应的认知时，教师意识到直接告诉这是水果的种子对幼儿来说是抽象的、难以理解的。给幼儿播放吃水果并将水果种子进行播种及水果生长的视频，能够让幼儿将"种子"的概念具体化，并内化为自己的知识。

幼儿将多种混合的种子按照物体的同种特征进行分类，将同一类种子放在一起，运用并巩固了分类的知识经验。幼儿运用绘画的形式记录了水果的切面与种子的形态。在萌发了对水果生长的好奇心后，幼儿运用黏土制作出了包含水果颜色、形状、触感等方面具体特征的水果模型，并将水果模型呈现在了情景化的墙面上，清楚地表达了对水果生长方式的认知。幼儿的表征能力与知识经验都在快速提升。

"叁"分享之爱意

（一）可以分享哪些水果美食

孩子们每一次探索都将水果吃得干干净净，而随着主题活动的开展，许多家长开始在家里给孩子们制作水果汁、水果拼盘等水果美食，并且将照片发到班级群里。这也引发了孩子们在班级中的讨论。我们也意识到孩子们对水果美食的兴趣，这正是引发孩子实际制作食物的契机。因此我们设计了"水果制品"调查表，并将各种水果制品打印成图片，向孩子们介绍每种水果制品，同时组织孩子们投票选出想要制作的水果美食。最终水果奶昔、水果汁、水果茶的票数较高。

（二）调查水果美食制作方法

怎么做水果美食呢？带着新的问题，孩子们开始了新一轮的水果美食调查。这次孩子们和家长一起就自己选择的水果美食的制作方法进行调查。同时孩子们也参与了调查表的制作，主要是给家长画好的内容进行涂色，部分孩子还参与了水果的绘画。

水果美食制作方法亲子调查单

（三）分享制作方法

　　每位孩子在亲子调查过程中的参与程度是不同的，其获得的经验也是不一样的。为了帮助孩子们再次巩固制作方法，引导孩子们为制作水果美食做好充分的准备，我们建议孩子们给大家分享自己的调查结果。这次我们依然采用了去纸面化，用实物进行分享的方式。孩子们利用真实的水果与机器，边演示边讲解方法与步骤。部分孩子能够详细地阐述制作过程，有的孩子则需要老师的协助与引导。而让我们欣喜的是，倾听的孩子们都格外安静与投入。这也许就是实际操作的魅力。

幼儿分享水果美食的制作方法

（四）做最美味的水果美食

即将开始制作水果美食啦，孩子们都想要制作出最美味的水果美食。伴随着美好的期待，孩子们开始了制作水果美食的第一步。但刚开始，孩子们在刮水果皮时就遇到了困难，好在最终通过多次挑战成功解决了问题。

1. 第一次挑战：使用刮皮器，但很费劲

在第一次刮皮时，许多小朋友选择了用小刀刮水果皮，可是花了很长时间都没能将水果皮刮掉。有的孩子甚至用小刀直接将水果切破，以缓解自己急切的心情。这时传来一声："老师，霏霏把苹果皮刮掉了。"霏霏分享了自己的成功经验，原来她使用了刮皮器来给苹果去皮。孩子们都尝试了使用刮皮器给苹果、梨一类的水果去皮。但小朋友又迎来了新的挑战：刮皮的时候太费劲了，并且把果肉都给挖出来了。

2. 第二次挑战：水果往地上掉，刮不干净

通过观察轻松将苹果皮刮下来的小朋友刮皮的过程，孩子们逐渐总结出：给水果刮皮，不用太用力往里压，只需要将刮皮器的刀刃挨着水果皮，轻轻地向下拉，就能将皮刮下来。这次，许多小朋友都成功地将水果皮刮掉了。可是过程中水果往地上掉、差一点刮到手、没有刮干净等问题频发。看来，孩子们还需要进行第三次挑战。

3. 第三次挑战：学习新方法，成功刮皮

这次挑战前，由刮水果皮的"高手"晨晨指导佳佳先尝试刮水果皮，晨晨边给佳佳示范边说："刮水果皮的时候一定要把水果按住，手要放到水果的另外一边，才不会刮到手。一道一道挨着刮，就可以将皮刮完了。"同组的孩子们也开始学习这种有效的方法，并进行了第三次尝试。这一次，孩子们都很容易地将水果皮刮了下来。刮水果皮挑战成功了。小朋友们将水果切成小块，放到盘子里准备榨汁、制作水果奶昔和煮水果茶。

（五）举办一场分享会

1. 可以分享什么呢

在讨论可以分享什么时，孩子们有不同的想法。

杰杰："我想分享我做的水果汁。"

旭旭："我想分享我做的水果茶。"

蜀稚："我想分享我做的水果奶昔。"

婷婷："我想分享水果儿歌。"

虫虫："我想分享故事，叫作'爱吃水果的牛'。"

梦洁："我想唱'我爱水果'的歌。"

2. 布置分享会会场

班级孩子分为两组分别布置分享会会场。

1）布置水果柜

负责布置水果柜的孩子们，将小朋友选择的各种类型的水果用盘子装好，摆放在水果柜上。

幼儿布置水果柜

2）布置展示架

负责布置展示架的孩子们，将小朋友关于水果的涂色作品、绘画作品、黏土作品都粘贴在了展示架上。

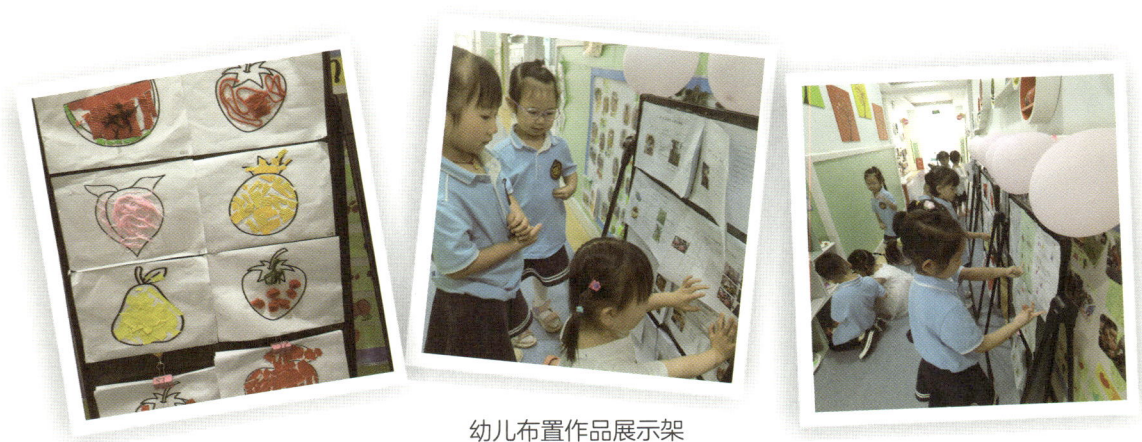

幼儿布置作品展示架

3. 分享会开始啦

1）分享我与水果的故事

按照计划，孩子们分为了水果儿歌组、水果歌曲组、水果故事组，分别向同伴展示在探索水果过程中自己的创作与收获，表达自己对水果的喜爱。

（1）水果儿歌组。

水果儿歌组的孩子们自信地站在教室中间，为大家表演前期与小朋友们一起创作的儿歌。

幼儿表演水果儿歌

（2）水果歌曲组。

水果歌曲组的孩子们结伴歌唱自己最喜欢的水果歌曲。

幼儿演唱水果歌曲

（3）水果故事组。

水果故事组的孩子们将在主题活动中了解到的水果故事讲给大家听。

幼儿讲述水果故事

2）分享我做的水果美食

（1）清洗水果。

孩子们早早地来到幼儿园，分组将自己带来的水果清洗干净。

幼儿清洗水果

（2）切剥水果。

孩子们分成剥皮组与刮皮组，将水果去皮，并切成小块。

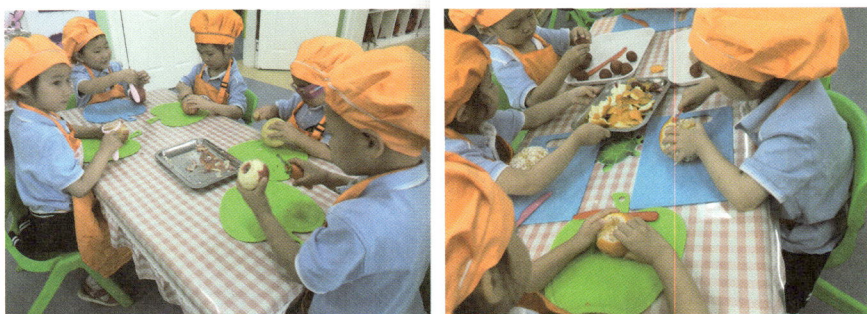

幼儿切剥水果

（3）制作水果美食。

孩子们按照自己的计划，分别制作水果汁、水果奶昔、水果茶。

幼儿制作水果美食

（4）分享水果美食。

瞧！每位孩子制作的水果美食都用漂亮的饮料杯盛放好啦！孩子们可以根据自己的喜好自由选择想要品尝的水果美食。

孩子们迫不及待地选了一杯自己最喜欢的水果美食，并且与旁边的小朋友一起观察饮料杯里水果汁、水果奶昔和水果茶的颜色，闻一闻味道，猜一猜对方的水果汁、水果奶昔或者水果茶是什么味道的。孩子们互相述说着自己制作水果美食的特别经历，分享着成功制作水果美食的喜悦。

幼儿分享水果美食

1. 幼儿的经验与成长

在整个探究过程中，幼儿遇到了各种各样的问题，我们惊喜地发现幼儿能够在他人成功时快速地模仿他人的行为，学习他人的经验。在遇到自己解决不了的问题时，幼儿不再一味地找老师帮忙，而是学会了向同伴求助，这是幼儿良好交往行为的表现。

同时，随着主题活动的开展，幼儿的生活经验也在不断丰富。遇到榨汁机不转了，幼儿会想到是否是没电了，是否是水果块太大了。幼儿能够主动猜测问题出现的原因，主动思考问题的意识逐步增强。

幼儿关于水果的知识经验也在不断丰富。经过解决"怎样才能更好地给水果去皮"问题后，幼儿能够轻松地用刮皮器将水果的皮刮掉，并且能够熟练地运用刀具将水果切成小块。幼儿在之后的水果美食制作中，也清晰地感知了水果从固态变为液态的过程。

幼儿的计划能力不断提升。经历了本次主题活动中进行的"选择想要制作的美食""选择想要照顾的水果种子"等讨论活动，幼儿在讨论"想要分享什么"时，能够快速、肯定地给出自己的答案，计划自己想要分享的内容。

幼儿愿意接纳更多的水果。在分享会上，幼儿选择了各种各样的水果汁、水果奶昔与水果茶进行品尝。

2. 教师的反思与支持

幼儿逐步通过"解决问题"来探索水果。关于水果，幼儿产生了许多的问题，因此他们想了各种办法解决问题。在这样的学习中，幼儿始终处于一种积极主动的状态。通过主动的探索，他们不仅获得了与水果相关的知识与操作技能，也在一定程度上发展了学习能力。教师在支持幼儿解决问题过程中，应给予幼儿充分的时间与宽松的环境，放手让幼儿自主探索。

六、活动反思

（一）幼儿的转变

幼儿对水果的探索持续了两个月，在这两个月里，幼儿尽情地探索水果的特征、水果的种子，制作水果美食与筹备一场水果美食制作的分享会。回顾整个活动，我们可以清晰地发现幼儿的转变。

首先，幼儿是在真实的生活情境中，运用多种感官感知，亲手操作、亲身体验，通过解决"草莓像什么""蓝莓是黑色还是蓝色""是葡萄还是提子""猜猜这是什么水果""水果有哪些'好朋友'"等问题后，初步感知了水果的特征，萌发了对水果的好奇，开始尝试品尝各种水果。

其次，幼儿通过寻找"水果里面是什么样的""水果里面的黑点点是什么""草莓的种子在哪里""怎样播种水果种子""水果长在哪里"等问题的答案，再次激发了对水果的兴趣，驱动着幼儿多次品尝各种各样的水果。

最后，幼儿为了举办一场分享会，多次挑战刮水果皮以及制作各类水果美食，不仅提升了工具的操控能力，还体验了将水果变成美食的过程。自己动手制作的美食格外香甜，幼儿品尝了多种水果美食，并且将制作的水果美食"一扫而光"。由此，幼儿对水果的好奇转为对水果的喜爱。

（二）教师的收获

1. 解决幼儿实际问题

主题活动要满足幼儿的兴趣和需求，而幼儿的需求不仅是指幼儿的主观需求，还应客观地关注幼儿的实际需要。班级水果主题活动是基于幼儿在实际生活中出现了"不喜欢吃水果"的挑食行为而开展。活动主题围绕如何解决幼儿"不爱吃水果"的问题，通过"激趣、促探、引变"的策略，引导幼儿在探究水果的过程中逐步喜欢水果、喜爱吃水果。

2. 做幼儿的启发者

不同于大班幼儿能够自己发现问题、主动提出问题，小班幼儿更多的是表达自己的发现，较难将发现进行转化而提出问题，也难围绕一个问题进行深入的讨论。针对小班幼儿的年龄特点，教师应做一名启发者，引导幼儿关注问题或新的探究点。例如当幼儿因为找不到方法辨别蓝莓是蓝色还是黑色时，教师可以提出"教室里还有什么是黑色的呢"这一问题引发了幼儿的思考，引导幼儿采用对比的方法寻找答案；当幼儿都认为"提子是葡萄"

时，教师可以抛出"葡萄不是紫色的吗？这个水果有点红红的呀"的疑问，引导幼儿进行反思与持续探索。

3. 做幼儿的支持者

对于探索经验、探索能力较缺乏的小班幼儿来说，支持与引导显得格外重要。缺乏教师的引导，幼儿的探索只会局限于对事物单个现象的关注。在本次主题活动中，当幼儿因为对"种子"没有概念，探索活动停止不前时，教师引导幼儿观看视频，从中发现答案；当幼儿被刮水果皮难倒时，老师给予幼儿充分的时间进行不同方法的多次尝试。正是因为教师的支持，才能产生新的探索主题与探索契机，为幼儿的主动探究与学习奠定基础。

（教师：陈姣、周嘉欣、杨宗君）

第二节　中班主题活动

端午宴

一、活动来源

在端午节前一个月左右，孩子们被幼儿园对面一家"胖婆婆"粽子店吸引，产生了"端午节为什么要吃粽子"的问题，由此他们开始了关于端午节的调查活动。在了解了端午节的由来及习俗后，幼儿提出在幼儿园举办"端午宴"的想法。幼儿分别组成龙舟文化组、粽子制作组、咸鸭蛋制作组、彩绳编织组、香包制作组、彩蛋装饰组等，开始筹备"端午宴"。他们同时开始制作邀请函，向全园教师、幼儿及家长代表发出邀请，准备在端午节那天举办"端午宴"。

二、活动分析

当捕捉到幼儿的兴趣后，我们尝试进行了以下分析。

（一）以政策文件为依据

《指南》提出："幼儿的学习是在游戏和日常生活中进行的，要珍视游戏和生活的独特价值"，应该"最大限度地支持和满足幼儿通过直接感知、实际操作和亲身体验获取经验的需要"。《纲要》提出："幼儿园教育应为幼儿提供自由活动的机会，支持幼儿自主地选择、计划活动。为每个幼儿提供表现自己长处和获得成功的机会，增强其自尊心和自信心。"作为教师，我们只是幼儿的支持者、引导者，在活动中，应基于幼儿的兴趣和需要，支持幼儿的学习。

（二）以市级课题为背景

随着我园市级课题的开展，班级尝试开展食育主题活动。上学期，我班级开展了"面条大探秘"食育主题活动，借助问题驱动教学法（PBL）理念，开展了"熊猫面条博物馆"活动。本学期，我们将结合端午节节日活动，开展"端午宴"食育活动。我们尝试展开一系列探究，充分调动幼儿学习的积极性、主动性，通过参观、访问、表达、交流等，引导幼儿不断发现问题、解决问题，在操作体验中获得经验。

（三）以幼儿需要为核心

以节日活动为契机，利用社区资源，发挥家长优势，与班级幼儿共同讨论关于端午节的话题，包括节日的由来与习俗、粽子的来历与寓意、粽子的不同种类及吃法、粽子的制作方法、粽子的不同味道等，与幼儿展开奇妙的探究之旅。

基于以上背景分析，我们对活动开展的可行性及规划作出初步分析。

活动名称：端午宴	
1. 探究活动的可操作性	
幼儿好奇心	端午节为什么要吃粽子？
探究材料	各种粽子。
家庭和社会资源	小吃店、饭店。
参访场所	超市、菜市、小店等。

活动名称：端午宴	
开展难点	深入操作探究。
教师兴趣	幼儿以艺术形式表现粽子。
2. 探究活动的教育价值	
幼儿可获得的经验	粽子的历史文化；粽子的形状、味道等。
幼儿可掌握的技能	粽子的制作；艺术表现。
幼儿可能面临的挑战	粽子的营养与搭配。
3. 活动内容设想	
操作探究活动	粽子的秘密。
领域活动	语言领域：《我知道的粽子》； 科学领域：《粽子的秘密》； 社会领域：《粽子的历史》； 艺术领域：《粽子》。
参访活动	参观超市、小吃店等。
表征活动	参观记录表；粽子艺术表现。
4. 资源需求设想	
人力资源	家长；教师；幼儿。
环境和材料	环境：粽子艺术形式丰富的外显环境。 生活区材料：粽叶、果蔬、大米等。 语言区材料：反映粽子文化的书籍等。
5. 环境支持设想	
班级环境规划	美工区展示区；食育推进墙内容呈现；生活区环境。
社会实验场创设	生活馆。

三、活动目标

领域	活动目标
健康	1. 了解端午节的由来及习俗。 2. 了解粽子的不同口味及营养价值。 3. 能尝试制作粽子、咸鸭蛋。
社会	1. 了解端午节的节日文化。 2. 懂得简单的餐桌礼仪。 3. 对大家都喜欢的美食，能轮流品尝、分享。 4. 知道传统节日及相对应的美食。
语言	1. 能讲述端午节的由来及习俗。 2. 能大胆分享自己的调查结果。 3. 在参访时能主动询问关于端午节的问题。 4. 能用绘画的方式记录自己的发现与想法。
科学	1. 能研究制作粽子、咸鸭蛋的方法，感知咸鸭蛋的形成原理。 2. 认识常见的制作粽子及咸鸭蛋的工具。 3. 能与家长一起尝试制作香包，了解香包的功能及其原理。
艺术	1. 能用不同的器皿盛装食材，懂得简单的摆盘。 2. 能哼唱有关端午节的童谣、儿歌。

四、活动网络图

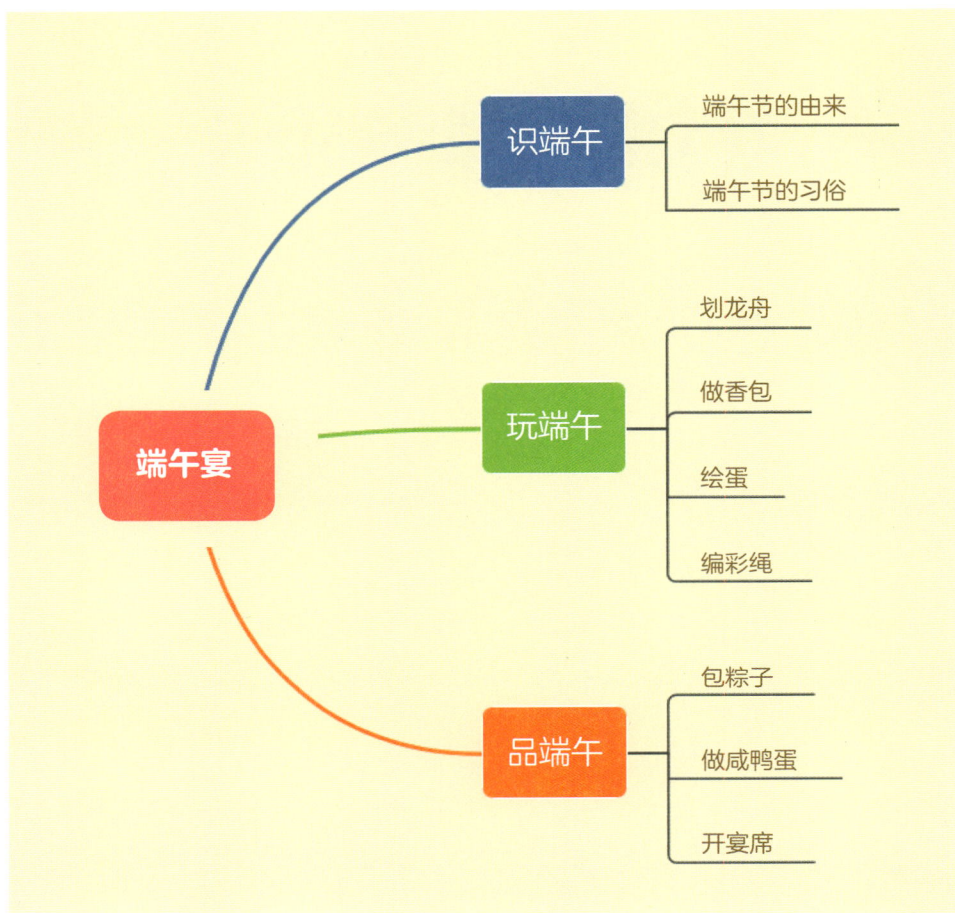

五、活动过程

阶段一：筹备"端午宴"

（一）粽子店参访记

带着"端午节为什么要吃粽子"的问题，孩子们准备走进这家粽子店一问究竟。参访结束后，孩子们带着自己的参观记录表来幼儿园跟大家分享，每个人调查的结果都不一样，他们或是兴奋表达，或是安静倾听，每一个孩子都那么专注。

幼儿实地参访

幼儿的经验与学习

　　在这一阶段，孩子们已经迫不及待地想要弄清楚他们心中的疑惑。中班下学期的幼儿，已经具有一定的绘画能力，他们的社会性进一步发展，渴望在生活中与人交往，以解决自己遇到的问题。参访前，他们自主讨论参访规则，并初步尝试分工。在这个过程中，他们的逻辑思维、语言表达、社会交往、倾听与记录等能力得到了增强。

教师的反思与支持

　　我们意识到，当孩子们不断提出问题时，探究就已经开始了。因此在这个时候，我们认为充分借助社会资源以及家庭资源是非常必要的，应该引导孩子们在真实的情景中去解决困惑，而不是教师单方面地给他们灌输知识经验。于是，孩子们开始了他们此次活动中的第一次参访活动。我们没有向幼儿提供调查表之类的东西，而是给予幼儿一张白纸，鼓励他们把自己的困惑以自己的方式呈现上去，并将自己的参访结果记录下来，为后面的分享交流做准备。

（二）端午亲子大调查

孩子们通过走访店铺、查阅网络资源、阅读相关书籍、访问长辈等多种方式，收集与记录调查结果，知道了端午节的时间是农历五月初五，听说了屈原的爱国故事，了解到端午节除了吃粽子，还要一起挂艾蒿、编彩绳、做香包、划龙舟等。

幼儿记录、分享调查结果

幼儿的经验与学习

对于大家都想弄清楚的问题，孩子们采用调查的方式解决问题。孩子们初次尝试与教师共同设计调查表，他们尝试以表格或者线条的形式将每一个问题划分开，并适当留出空白。在家长的协助下，孩子们尝试用不同的方式进行调查，解决问题的经验不断丰富。当然，孩子们对端午节的由来及习俗等也有了更加深刻的理解，建立起较为系统的端午节的节日概念。

教师的反思与支持

在粽子店参访活动中，每个孩子困惑的点可能不一样，他们参访的面更大，更加自由。通过参访分享，孩子们感兴趣的话题逐渐聚焦，我们尝试把个别幼儿关注的话题推广到班集体。同时，在这个阶段，教师也在不断追随孩子的兴趣，以捕捉活动的继续生长点。

（三）"端午宴"的产生

分享活动结束后的几天里，孩子们仍讨论着有关端午节的话题，并提出想要在幼儿园筹办"端午宴"，宴席上，大家可以看、可以吃、可以玩。

幼儿的经验与学习

　　孩子们了解了端午节的由来及习俗，在建立了较为系统的节日概念之后，他们开始有各自的兴趣偏好。他们不满足于"我知道"，开始过渡到"我想做"，这也符合《指南》提出的直接感知、亲身体验、实际操作的年龄特点。孩子们成立了自己的学习小组，并建立了共同目标——筹办"端午宴"，各小组的持续探究以及小组间的互动合作也成为下一阶段的重点。

教师的反思与支持

　　当孩子们产生想要在幼儿园过端午节的想法时，教师作为观察者应倾听孩子们的想法，允许孩子们自由交流与表达。刚开始，班级教师有一定的预设，我们预设选择大多数孩子都感兴趣且操作性比较强的一个活动，如包粽子和品尝粽子，在端午节的时候与孩子们一同尝试，感受节日的氛围，萌发爱国主义情感。

（四）分组筹备"端午宴"

1. 粽子制作组

粽子制作组的孩子调查了各种各样的粽子，第二天，齐齐特意带来了一个客家粽，大家进行了细致的观察：

客家粽的叶子跟普通粽叶不一样，叶子更大，颜色更深，一片叶子包一个粽子，线的包裹方式不一样，粽子是长条形的，很大。

在观察的过程中，龙龙提出问题："我没有见过客家粽，我吃的都是三角形的粽子，都是咸的粽子，这个粽子是白味的，说可以蘸着糖吃，这是为什么？"带着问题，孩子们共同阅读了《小粽子小粽子》，通过共读一个绘本故事，孩子们得出结论：

不同地域会有不同味道的粽子；

有的粽子里放了糯米、红豆和花生，有的什么都不放，只有糯米；

南方的粽子更多是咸的，北方的粽子更多是甜的；

客家粽是十陵本土地域文化下产生的粽子，跟书上的粽子完全不一样。

客家粽的出现，引发了孩子们强烈的好奇心，他们惊叹：客家粽怎么会这么大。他们好奇：客家粽的叶子是从哪里来的？普通粽叶又是从哪里来的？所有的叶子都可以用来包粽子吗？带着问题，孩子们开启了关于粽叶的探究。

为了搞清楚粽叶的秘密，孩子们回家进行了调查活动，与爸爸妈妈一起在生活中寻找粽叶。芭蕉叶、荷叶、玉米叶、柚子叶……他们或是实地采摘，或是到菜市收集，并且把找到的粽叶带到幼儿园，通过摘、剪、洗等清理过程，孩子们进行了细致的观察与对比，并进行了粽叶写生，每一幅写生都包含了孩子们对端午节的畅想。

幼儿的经验与学习

关于"粽子的外形与味道"，幼儿将自己的问题清单带回家，通过实地参访、网上查阅等方式去寻找问题的答案。在分享中，每个幼儿都带来了自己探寻到的答案。这样的交流可以为幼儿提供多种经验的整合，在倾听同伴的发现时也获得了新的经验；同时，还增强了幼儿表达、倾听及沟通的技能。在收集各种粽叶的过程中，孩子们进一步走进生活，增强观察与发现的意识。在这个过程中，教师积极鼓励幼儿开展探究学习，及时梳理幼儿的经验与想法，让幼儿不断建构新的经验，对粽子的认识更加系统。

教师的反思与支持

当孩子们抛出问题后，教师并没有立即给出答案，而是引导幼儿梳理自己的问题清单，并引导幼儿一起绘制调查表。中班的幼儿已经具有一定的调查能力，但是主动运用调查表建立问题思维的意识还不够，因此，教师采用共同设计调查表的方式，帮助幼儿整理与梳理经验。同时，在幼儿分享表达的基础上，教师通过提炼、引导幼儿以绘画等方式梳理自己的新经验，并形成写生绘本等，供同伴间分享交流。

随着参访活动的进行，孩子们对粽子的理解和认知不断丰富。在对粽子有了一定知识储备的基础上，他们开始尝试用普通粽叶自己包粽子。孩子们一起完成收集清洗食材、寻找工具等一系列准备活动后，开始体验包粽子。

幼儿包粽子

第一次自由尝试后，孩子们以失败告终：

"用几片叶子包更合适？"

"我把粽叶放在桌子上，用勺子把糯米舀到粽叶中间，我一拿起来，糯米就会洒出来，为什么？"

"我把糯米全部包起来了，可是怎样用线绑起来呢？"

"我包出来的不是三角形，我一松手，馅儿就会漏出来。"

……

孩子们交流了自己的困惑，他们把这些困惑整理成一张清单，并在离园后到"胖婆婆"粽子店进行了实地参访。店铺老板耐心地解答了他们的困惑，并现场演示了包粽子的步骤及方法。

孩子们开始了第二次尝试。这一次，孩子们的技能有了明显提升，他们的动作更加流畅，并展示了自己的劳动成果。虽然没有完全包出他们预想的三角粽，但是每一个粽子都用细线紧紧绑住，没有漏出馅儿来。在上一次包粽子的基础上，他们自主开始两两合作：你来卷叶子，我来放糯米；你来裹粽子，我来绑细线等。最让我们惊讶的是，宇宇在教师的引导下尝试借助工具，将矿泉水瓶沿瓶口剪下一个小漏斗状，从而解决了卷叶子的难题。

幼儿合作包粽子

幼儿的经验与学习

　　在活动中，我们可以了解到幼儿对包粽子这一操作活动是非常感兴趣的，也具有一定的经验，他们知道包粽子所需的食材及工具，知道大致步骤，例如，知道要先选叶子，再想办法将糯米包进去。但是，幼儿的动手能力还较弱，在第一次包粽子的过程中，幼儿的好奇心及探究欲是非常强烈的，但是看到自己一直都没有成功，他们也开始陷入沉思。教师充分尊重幼儿的想法，支持幼儿大胆尝试。幼儿通过参访寻找答案，开始了第二次尝试。在第二次包粽子的过程中，幼儿出现了自主与同伴合作，而对工具的借助更是在教师的预料之外，他们能够寻求身边的资源，采用矿泉水瓶进行辅助，这一切都让幼儿自然而然地习得了经验。

教师的反思与支持 👤

　　两次包粽子活动，教师给予充分的时间与空间支持，引导幼儿自己解决问题。鼓励幼儿"想办法不让馅儿漏出来就可以"，接纳幼儿的学习过程。最终，孩子们包出的粽子形状各异，馅儿有多有少，线的捆绑方式也不尽相同。教师给予了幼儿高度的认可，在这个过程中，教师预设可能会出现一些问题，例如：有的幼儿包的馅儿太少，煮出来的粽子可能又扁又小；有的幼儿线捆得太松，在移动的过程中可能会松散等，但是教师没有一一指出，而是让幼儿在探究过程中自己发现问题并想办法解决。

2. 咸鸭蛋制作组

　　为了迎接端午，很多家庭都已经开始制作咸鸭蛋，在体验制作粽子的过程中，孩子们自然而然地交流起关于咸鸭蛋的话题，这也成为孩子们自发生成的兴趣点。

　　通过调查与交流，孩子们了解到可以通过裹五香粉制作咸鸭蛋以及熬制五香水泡制咸鸭蛋。

　　孩子们回家收集材料，如玻璃坛、五香料、白酒、鸭蛋等。孩子们把带回的材料呈现于教室展示区，进行了展示与分享，并通过观看视频的方式学习了咸鸭蛋的做法。而后，孩子们一起完成了熬制五香水、清洗鸭蛋、泡制鸭蛋。孩子们在一日生活中进行观察，大家都期待着能早日吃上五香水咸鸭蛋。同时，孩子们也开始了五香粉咸鸭蛋的制作。

　　同样，孩子们采取先调查与分享的形式，再将需要的工具、材料收集到幼儿园，然后开始体验制作。

幼儿制作五香水咸鸭蛋

幼儿制作五香粉咸鸭蛋

小组成员为自己制作的咸鸭蛋贴上了标识，放到班级生活区展示台上，并设计了观察记录本，将自己的观察与发现记录下来。之后，孩子们还将盒子端出来打开闻一闻、看一看，期待着在"端午宴"那天，全园的小朋友都能品尝到自己亲手制作的咸鸭蛋。

幼儿的经验与学习

　　孩子们通过调查获取信息解决自己困惑的意识已经越来越强，随着此活动的深入开展，他们开始主动与同伴讨论，并将自己的问题列成清单，以便回家与爸爸妈妈一同寻找答案，幼儿主动解决问题的意识明显增强。通过制作咸鸭蛋，孩子们的制作经验越来越丰富。

教师的反思与支持

　　当幼儿产生问题时，教师鼓励幼儿自行猜想并通过调查寻找答案。在制作咸鸭蛋的过程中吸引了其他组员的兴趣，在小组学习推进的过程中，如何兼顾小组间的交流与互动、如何总结个体经验与集体经验，是教师值得深思的问题。在探究过程中，教师既追随幼儿小组筹备，又鼓励小组间寻访与体验，使得活动探究不断深入。

就这样，孩子们共同期待着"端午宴"那一天的到来，为了这场游园会，大家都各自忙碌着，孩子们采取倒计时的方式迎接它的到来。

阶段二："端午宴"开始啦

（一）寻访与体验

随着每个小组的筹备以及小组间的寻访与体验接近尾声，"端午宴"已经初具雏形。

幼儿的经验与学习

孩子们以小组的形式推进活动，各小组自主探究与学习，通过寻访与体验，小组间相互展示阶段成果，分享着自己的学习历程与经验，加强了小组间的互动，经验不断增长。

教师的反思与支持

这是非常重要的一个环节——小组差别化学习，但是小组间是应该有互动的，不断加强集体经验与个体经验的总结，发挥同伴相互学习的重要作用，不断整合经验。通过参访与体验，班级幼儿对整个筹备活动都有一定了解，为下一阶段"端午宴"的人员分工等奠定了基础。

（二）向全园发出邀请

孩子们开始讨论着要向全园小朋友、教师以及家长们发出邀请，一同参加"端午宴"。

龙舟文化组幼儿设计的邀请函

彩绳编织组幼儿设计的邀请函

孩子们按照讨论方案纷纷开始行动，他们自动分工，每个组的组员还为自己的区域设计了入场券，只有收到入场券的人才能进入游园现场。孩子们已经迫不及待地开始宣传了。

（三）"端午宴"正式开始啦

孩子们期待已久的"端午宴"如期举行。全园小朋友、教师、家长代表身着汉服，走红毯入场，孩子们在各自区域担任"讲解员"，挂艾蒿、画额、展示端午节美食，在自选区域自由操作体验。

幼儿包粽子

幼儿合影留念

幼儿的经验与学习

孩子们宣传的方式更加多样化，通过实地宣传，孩子们理解了宣传的关键要素，语言表达、社会性交往能力进一步发展，表征水平也从平面表征逐步过渡到立体表征。

教师的反思与支持

当幼儿第一次邀请失败时，教师提问并引导幼儿进行小结，在幼儿试错后，给予关键提问，帮助幼儿回顾经验并提炼宣传的关键信息。通过此次经历，幼儿对宣传的关键要素有了深刻了解，在以后的活动中，更容易实现经验迁移。

六、活动反思

（一）让幼儿成为真正的"自主学习者"

"端午宴"圆满落幕，孩子们围坐在一起展开梳理与评价。回过头看活动记录，幼儿的学习呈现出一条完整的轨迹。幼儿的学习源于对问题的兴趣，每一个活动、每一次记录都伴随着幼儿的提问。"端午节为什么要吃粽子"，一个简单问题的背后，透露着幼儿对生活的细致观察，表现出幼儿对未知世界的好奇心和探究欲。

一个问题的提出总能牵扯出各种各样的问题，幼儿的学习也就是在这样不断提出问题的过程中逐渐深入的。例如，当幼儿通过调查了解到端午节的时候，他们还有很多困惑：端午节的时候还会做哪些事情？爱国诗人屈原做过什么伟大的事情？当孩子们提出要在幼儿园举办"端午宴"的时候，他们遇到了许多问题：如何选择场地？场地如何布局？物品怎样摆放？如何宣传？入场券如何设计？等等。当幼儿自动分组探究后，围绕一个聚焦的话题，孩子们更是一次又一次解决了自己遇到的问题。每一个新问题的提出，幼儿都尝试去解决。对幼儿来说，解决问题是一个过程，更是一种能力。遇到问题的时候，幼儿总能通过调查、收集信息发现线索，解决问题，成为一个真正的"自主学习者"，这些都是开展传统饮食文化项目课程适宜的"土壤"条件。

（二）让教师成为真正的"活动支持者"

在推进探究活动的过程中，课程的走向、课程的内容、课程的组织形式都在随着幼儿的兴趣随时发生变化。教师需要转变身份，需要聆听幼儿的发现，关注幼儿的问题，解析幼儿的语言，寻找幼儿学习的支架，成为幼儿游戏、成长的玩伴。整个活动以问题为主导，凸显幼儿的学习主体地位，教师只需要从旁观察，必要时提供"支架"支持幼儿进行深入探究。例如，在粽子制作小组，怎样包粽子才不会让馅儿漏出来？在咸鸭蛋制作小组，为什么同样的步骤，做出来的鸭蛋有的咸、有的淡？不难发现幼儿在操作前后有不一样的思维。这时，首先，教师要承认幼儿的认知水平，允许幼儿在原有的认知水平上进行探究；其次，教师要学会判断幼儿的认识水平可能达到的高度，即判断出幼儿的"最近发展区"。

在探究过程中，幼儿以兴趣为导向，小组探究，教师需要整合集体与个别的关系，通过寻访与体验，使各小组深入探究，又围绕大课题推动课程的走向。例如，在分组筹备游园会基本成形的阶段，教师组织班级幼儿先进行寻访与体验，即各小组负责人进行讲解，小组成员间相互体验。一方面介绍自己的学习成果，另一方面学习同伴的经验。通过这样的形式，尽量兼顾个别与集体，为最后向全园幼儿、教师及家长发出邀请并成功举办游园会奠定了扎实的基础。

（三）让家长成为真正的"活动参与者"

在此次活动中，教师更加注重家园共育，关注家长与幼儿园、与教师的高效协作。在开展活动的过程中，家长自然、积极地融入幼儿园日常的教育教学活动中，成为幼儿的好朋友，也成为真正的"活动参与者"。

活动的实施让家长转变观念，了解幼儿在幼儿园的活动情况，了解幼儿园教育的内涵。不同于其他形式的家园合作，一次次有线索、有延续性的调查参访活动，一张张呈现幼儿探究过程的照片，让家长清晰、直观、系统地了解了幼儿在幼儿园具体做了什么、是怎么做的。在筹备"端午宴"的过程中，教师每次都将幼儿上阶段活动开展情况、幼儿现阶段正在做什么、幼儿接下来准备做什么、需要家长提供什么样的支持等，通过书面"告家长书"、线上家长群交流等形式，一一与家长详细沟通。家长非常清晰地了解幼儿在幼儿园里的活动，同时有的放矢地给幼儿提供帮助和支持。家长由"大家长"逐渐转变为一个关注幼儿学习品质、学习习惯、探究能力的"专家"。

（教师：赵羚茜、曾桂朝、杨小燕）

番茄历险记

一、活动来源

种植番茄是本学期我班幼儿因午餐时的一碗番茄炒蛋引发的小项目活动。幼儿对"番茄是怎样种的""番茄什么时候变红""番茄有哪些品种""番茄可以做什么"等问题很感兴趣，并通过参观种植基地、家长访谈、在家播种番茄积累了一定的种植经验。在种植课程开展的过程中主要探究了"番茄苗倒了怎么办""周末番茄苗缺水怎么办"这两个问题，通过分工合作、假想猜测、验证结果、主动探究等方式让幼儿积极参与到活动中。本次活动的开展是以幼儿的兴趣为出发点，以家园合作、幼幼合作为探究形式，培养幼儿解决问题、自主探究、分工合作等能力。该食育主题活动从 3 月份开始，共计开展 10 周。

二、活动分析

（一）分析幼儿

午餐环节开始了，一碗番茄炒蛋引发了幼儿们的聊天。阿正说："我妈妈在家种了好多的番茄。"安安说："我还见过黄色的番茄。"源源说："我没有见过黄色的番茄，我只见过红色的，但是有大有小。"真的有不同颜色的番茄吗？孩子们都有疑问。孩子们的兴趣已经被"番茄有不同颜色的吗"这个问题所吸引。于是，我们决定循着幼儿的兴趣，一起探索"真的有不同颜色的番茄吗"这一问题，通过亲历种植、亲手记录、亲自采摘等活动，带领幼儿验证自己的猜想。

（二）分析主题

1. 关于主题价值的分析

随着我园市级课题的开展，班级开展食育主题活动"番茄历险记"，主要是通过共同讨论、亲自种植、主动探究的方式，让幼儿对种植番茄有一定的实践经验，知道种植的方式有室内种植和室外种植，发现番茄苗倒了、番茄苗缺水的问题，找到解决办法。从播种到番茄成熟的整个过程，幼儿以绘画表征、拍照记录、交流沟通等方式记录遇到的问题，共同解决，更多地体现了幼儿的分工合作意识。

2. 关于主题资源的思考

主题活动开展前，我们将本学期开展的主题活动和家长需要配合的事项与班级幼儿家长进行交流、沟通。通过访谈调查，发现有部分家长有种菜的经验，还有部分家长在农村有土地可以进行种植。孩子们可以通过多种方式来体验种植的过程，提升种植经验。幼儿园也有一块种植区，可以提供给幼儿种植番茄以验证猜想。在主题活动的开展过程中，我们深刻地意识到，家庭资源是实现课程整合的重要部分之一。我们引导家长们带孩子前往菜市场、超市买菜，帮助孩子认识番茄的种类，与幼儿一同完成主题调查表；带孩子去菜园里参观、种植、采摘番茄，激发幼儿对番茄的兴趣。

3. 关于主题方案的规划

活动名称：番茄历险记	
1. 探究活动的可操作性	
幼儿好奇心	幼儿提出了许多有关番茄种植、番茄食用等方面的问题。
探究材料	提供种植番茄的工具、制作番茄美食的材料。
家庭和社会资源	家庭植物角、种植区、菜地等。
参访场所	种植区、菜场。
开展难点	1. 教师对番茄的种植及生长过程的了解，以及生长过程中可能会遇到哪些问题，需要提前预设和找到多样的解决方法。 2. 教师对不同颜色的番茄的营养价值需要更深入的了解。 3. 幼儿对番茄营养的认识和制作番茄美食的方法需要探究。
教师兴趣	1. 教师对番茄种类有一定的了解。 2. 教师对番茄的种植有一定的经验。 3. 教师对番茄很感兴趣。 4. 教师喜欢吃番茄，能制作多种番茄美食。
2. 探究活动的教育价值	
幼儿可获得的经验	1. 不同种类的番茄有着不一样的栽种方法，在番茄的生长过程中，如发芽、开花、结果等，每个阶段番茄的变化都吸引着孩子们。每个孩子都想要通过自己的努力，为番茄提供最好的生长条件，收获满满的果实。 2. 在栽种的过程中，利用各种各样的种植工具及辅助材料，让孩子探索发现环境、种植方式与番茄生长的关系。 3. 在生活体验馆通过看一看、做一做、尝一尝，让孩子知道番茄能为我们的身体提供丰富的营养，初步学习一些简单的番茄美食制作方法，如番茄糖葫芦、糖拌番茄、番茄酱、番茄炒蛋等。

续表

活动名称：番茄历险记	
幼儿可掌握的技能	1. 通过种植番茄，发现番茄苗倒了、番茄苗缺水，搭架子、制作补水工具，能够让幼儿通过裹胶带、立杆、绑绳等动作发展身体协调能力。 2. 在实地参访中，可以培养幼儿掌握运用调查表和拍照的技巧。
幼儿可能面临的挑战	1. 如何为番茄苗搭架子？有哪些方法？ 2. 怎样制作补水的工具？不会打结、不会裹胶带怎么办？

三、活动目标

领域	活动目标
健康	1. 保持良好的情绪状态，以积极、愉快的情绪面对食物。 2. 了解番茄的营养价值，明白多吃番茄对人体有益。 3. 了解种番茄的基本常识，体会劳动的辛苦，懂得珍惜粮食。 4. 知道番茄的特征，并能根据番茄的颜色、形状、味道等进行分类。
社会	1. 在食育主题活动中，敢于尝试有一定难度的活动和任务。 2. 学会管理本班级的种植区，增强责任意识。
语言	1. 喜欢与人交流自己认识的番茄。 2. 学会应用词句描述番茄的颜色和外形特征。 3. 能大胆与同伴交流自己种植番茄和制作番茄美食等的经验。
科学	1. 了解番茄生长的基本过程。 2. 探究番茄的不同吃法。 3. 探索不同种类的番茄的吃法及其营养价值
艺术	1. 感受番茄的颜色美、外形美。 2. 用绘画、泥塑、拓印、扎染等多种方式表现番茄的美。

四、活动网络图

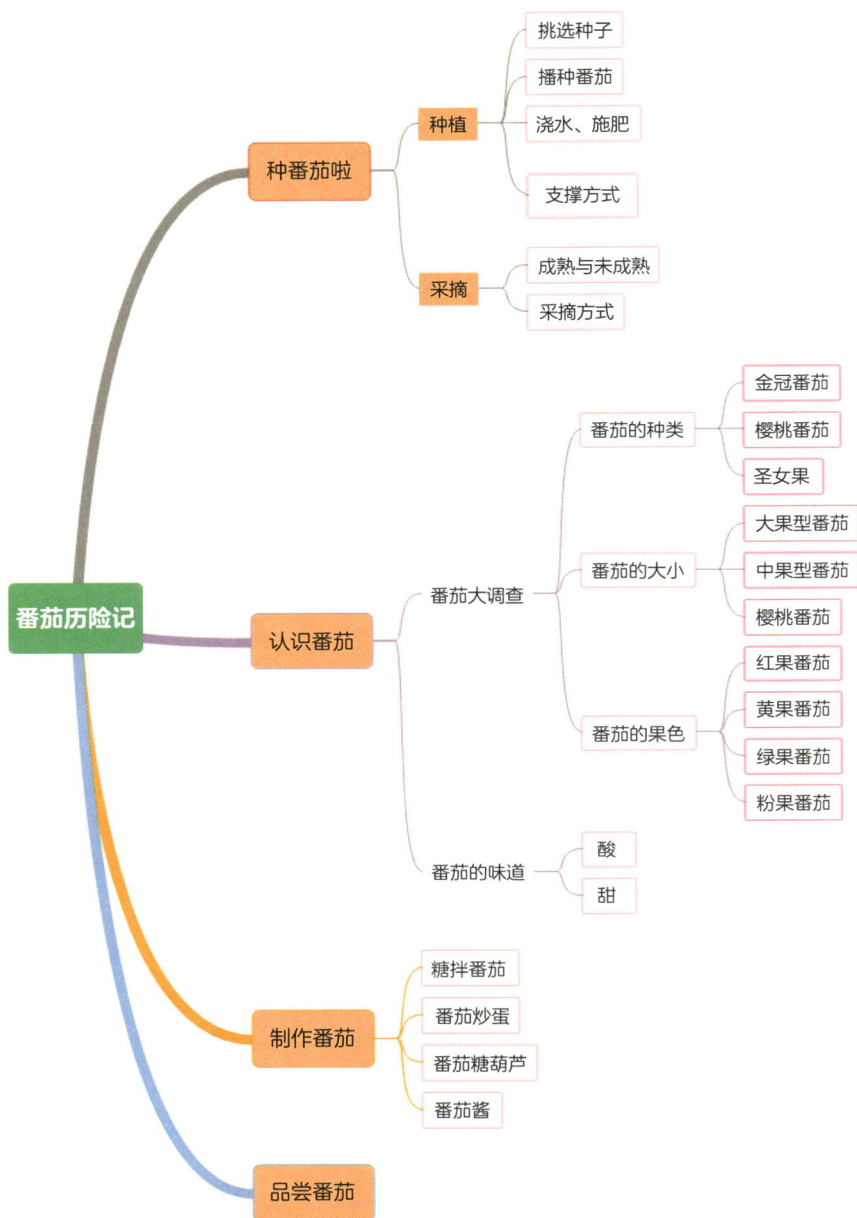

```
番茄历险记
├── 种番茄啦
│   ├── 种植
│   │   ├── 挑选种子
│   │   ├── 播种番茄
│   │   ├── 浇水、施肥
│   │   └── 支撑方式
│   └── 采摘
│       ├── 成熟与未成熟
│       └── 采摘方式
├── 认识番茄
│   ├── 番茄大调查
│   │   ├── 番茄的种类
│   │   │   ├── 金冠番茄
│   │   │   ├── 樱桃番茄
│   │   │   └── 圣女果
│   │   ├── 番茄的大小
│   │   │   ├── 大果型番茄
│   │   │   ├── 中果型番茄
│   │   │   └── 樱桃番茄
│   │   └── 番茄的果色
│   │       ├── 红果番茄
│   │       ├── 黄果番茄
│   │       ├── 绿果番茄
│   │       └── 粉果番茄
│   └── 番茄的味道
│       ├── 酸
│       └── 甜
├── 制作番茄
│   ├── 糖拌番茄
│   ├── 番茄炒蛋
│   ├── 番茄糖葫芦
│   └── 番茄酱
└── 品尝番茄
```

五、活动过程

话题一：番茄苗倒了怎么办？

自从小番茄苗种下去之后，孩子们时常结伴去看它们。在照顾小番茄苗的过程中，孩子们的观察也越来越细致，种植成为一种有温度和有情感的活动，幼儿在这个过程中收获的不仅是能力和知识，还有情感和态度。突然有一天，阿正说："你们快来看呀，番茄苗怎么了？"

珊珊："呀！它们怎么都倒下来了！"

旗旗："是呀，是呀，枝都弯了。"

佑佑："我们把它们扶起来试试？"

阿正："哎呀，不行呀，它们还是会倒下去！"

番茄苗弯着腰，直不起身子，举不起手臂，它们怎么了呢？

源源："它是在睡觉吧。"

安安："因为番茄苗长高了。"

番茄苗长高了，立不起来了。那怎么办呢？我们要想想办法，不然番茄苗长不大了。

番茄苗倒了

番茄苗立不起来了

探究 1：关于找资料

珊珊："可以上网查一查原因呀！"

旗旗："有的书上有写！"

佑佑："我奶奶会种菜，我回家问问奶奶。"

芮芮："也可以问问老师呀！"

安安："对，我们去找老师吧！"

第二天，孩子们用绘画的形式记录了自己想出的办法并和大家一起分享。

安安："我们可以拿绳子把番茄苗吊起来。"

婷婷："我可以用手扶着番茄苗。"

源源："我看到爷爷是用架子帮番茄苗站起来的。"

阿正："奶奶告诉我，果子太重了苗就会弯腰，要给它绑上支架。"

安安："那支架要怎么搭呢？"

源源："幼儿园的菜地里，我看到过那种支架，我们去看看！"

探究 2：关于绑支架

今天，每个幼儿都从家里带来了一根竹竿，为自己的那株番茄苗绑上支架。阿正打算将自己准备好的竹竿插进土里，可是 5 分钟过去了，竹竿还是在泥土表面，阿正说："老师，怎么插不进去呀？"教师走过去说："可以想想办法，还可以请同伴帮忙哟。"源源说："我来帮你吧，两个人的力量更大，就可以把竹竿插进去了。"

插竹竿

一起帮忙插竹竿

竹竿插进土里啦

他们开始尝试一起插竹竿，只听见两人说"1、2、3，用力呀，快，马上就可以了"。可是，几分钟过去了，竹竿只有很短一截插在了土里，歪歪的，根本立不稳。阿正说："那怎么办呀？我们两个人一起都插不进去。"

| 竹竿插歪了 | 竹竿只插在了土壤表层 | 竹竿立不稳 |

源源说："我知道了，我看到妈妈在家插东西时，下面都是尖尖的，这样更容易把竹竿插进去。"说完，阿正在工具筐中拿到了刻刀，准备将竹竿的底部用刀削尖。他走到教师的面前说："老师，你可以帮帮我吗？我想把底部削尖，才可以插进土里，但是竹子太硬了。"教师让阿正拿着竹竿，两人一起将竹竿底部削尖。

"我力气大，我来插竹竿，我能把它插得牢一点，你们来绑绳子！绑绳子的时候要轻一点呀，不要绑太紧，把枝给弄断了。"大功告成啦！我们的支架绑好了，番茄苗不会倒了，大家都在期待番茄苗快快成长……

萌萌："番茄你别怕，我们帮你绑上了支架，你又可以站起来啦！"

曦曦："你一定要快快长大哦！我们想看看番茄慢慢变红、变成熟的样子。"

幼儿的经验与学习

在种植番茄的过程中可以看出幼儿的种植经验不足。孩子们在初步讨论中了解了彼此对于番茄的好奇点和兴趣点，其中对"番茄苗倒了怎么办"的问题最感兴趣，于是决定回家先调查一番。通过回家查找资料、家长访谈、绘画表征记录等方式寻找解决办法。这不仅增加了幼儿的种植经验，丰富了幼儿的种植小常识，也能够看出幼儿发现问题、解决问题的能力在提升，为之后相关的探究活动做铺垫，能够更好地将经验迁移到后面的种植活动中。

教师的支持和策略

首先，针对幼儿的兴趣点，我们选择循着幼儿的兴趣，一起探究"番茄苗倒了怎么办"的问题。通过讨论活动，了解幼儿的前期经验，明确幼儿发现的问题，引导幼儿通过多种渠道找到解决的办法。其次，幼儿分享自己的解决办法，提升共同经验，我们尊重幼儿的想法，给予幼儿更多的时间与同伴交流，开启探究之旅。最后，在幼儿实际操作时，教师作为旁观者，在材料和工具上给予幼儿支持，让孩子们开动脑筋，主动发现问题、解决问题，与同伴合作共同完成绑支架的活动，帮助我们的小番茄苗再次挺起腰杆，最终解决了"番茄苗倒了怎么办"这一问题。

话题二：周末番茄苗缺水怎么办？

一个周一的早晨，孩子们发现泥土干裂了、番茄苗的叶子全都卷起来了，大家都特别着急……"周末番茄苗缺水怎么办"成了本周的焦点话题。

阿正："我们可以放假前给它喝很多的水。"

源源："不行，这样番茄苗会被淹死的。"

旗旗："小朋友生病要输液，我们也可以给番茄输液呀。"

安安："可以发明一个机器人，让机器人来浇水。"

佑佑："这太难了吧，我们不会做机器人呀。"

芮芮："我们把水壶挂在墙上，让它慢慢滴。"

孩子们带着问题回家跟爸爸妈妈共同探讨。

之后，由孩子们投票决定哪种自动浇水方式最好。投票结束后，大家选出了 4 种补水方法：①吊瓶保湿器；②毛巾保湿器；③饮料瓶戳洞；④筷子倒插法。

大家准备开始行动了，首先要商量一下如何分组。5 分钟后，全班分成了 4 个小组，回家准备自己所需要的工具。第二天，大家将工具带到幼儿园，有饮料瓶、筷子、输液吊瓶、水盆、毛巾，教师也为他们准备了透明胶带、扭扭棒、毛线、彩带、剪刀等工具。

探究 1：第一次制作——分工不明确

开始做"补水"工具了，大家都想要为自己的番茄苗补水。操作一开始，教师便听到"谁来帮我一下""谁去拿一下胶带""你帮我剪一下嘛"，大家都在为制作自己的工具忙碌着，只有豪豪在一旁站着。教师走过去问："你是做什么的呀？"豪豪说："我不知道要干什么。"佑佑和安安在一旁争执着，"我来剪胶带，你去扶着。""我不，我要来剪胶带。"操作的时间结束了，第一组的幼儿还在为谁去扶杆子、谁去剪胶带、谁去裹胶带等问题争执着。

大家一起绑支架

用扭扭棒绑支架

幼儿的经验与学习

　　在本次活动中，幼儿更多的是自己单独操作，分工合作的意识较弱，出现了"我要剪胶带""我也要剪胶带""谁来扶一下竹竿"等语言。在整个操作过程中，有的幼儿无事可做，有的幼儿争着做一件事，有的幼儿所有的事都在做，反映出幼儿的前期准备工作不充分，分组计划不够具体。在观察其他幼儿操作时，幼儿也可以通过同伴学习、模仿来提高自己的技能，积累更多的经验。

教师的支持和策略

　　首先，当幼儿有了为番茄苗做"补水"工具的兴趣时，大家一起想出了很多种方法，并投票选出了"吊瓶保湿器""毛巾保湿器""饮料瓶戳洞""筷子倒插法"这四种方法。分组后，幼儿开始为活动做准备：做计划—找材料—制作"补水"工具。计划的内容包括时间、人员、制作方法、需要的材料，并且给予幼儿足够的时间去准备。其次，孩子们在第一次尝试制作"补水"工具时，出现了分工合作意识不强，个别幼儿无事可做的情况，我们采用做计划的形式将任务具体化，做计划时每个幼儿都参与商量，明确分工，在具体操作时，就能够让每个幼儿都有事可做。最后，在整个操作活动中，没有出现幼儿无事可做、事事都做的现象，在班级开展裹胶带、固定竹竿、扭扭扭棒、打结等基本技能训练，通过练习来提升幼儿多方面的技能，幼儿完成精细动作能力也有所提升。

我们的计划 1

我们的计划 2

探究 2：第二次制作——三脚架立不稳

开始制作"补水"工具了。大家围绕着昨天做的计划，回忆自己的分工，拿到材料后开始准备操作。第一组制作"吊瓶保湿器"，在制作开始时，他们讨论着：我们要将吊瓶挂在什么地方呢？旗旗说："我们可以搭一个三脚架，将吊瓶倒挂在上面，和外面给大树输液一样。"珊珊说："那我去找竹竿。"珊珊找来了 3 根竹竿，有了之前绑支架的经验，先将竹竿的底部削尖，将三根竹竿捆绑在一起，再将竹竿交叉地立在地上，同时还在三根竹竿的交叉接头处用扭扭棒捆绑固定，并右手不停地朝一个方向扭了几圈。

一起回顾计划

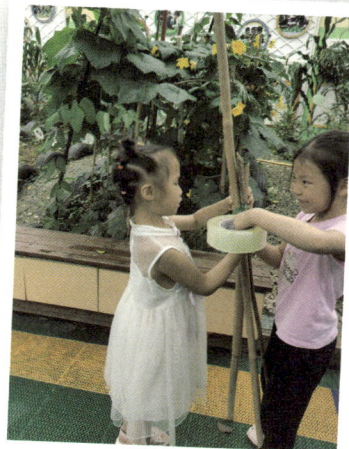
用透明胶带绑支架

扭好之后珊珊用手摇了摇，发现还是不牢固。旗旗拿着透明胶带走了过来，说："我再用胶带来固定一下。"旗旗拿着透明胶带，从上到下、对角绕胶带。绕了 3 圈以后，源源说："我来剪胶带。"他们又用手使劲摇了一下，这次牢固了。他们将绑好的三脚架一起拿到番茄地，将三脚架插进土里。三脚架先立住了，但当大家准备将吊瓶接水时，三脚架却倒了。旗旗说："三脚架怎么倒了呢？"珊珊说："那怎么办呢？"大家开始寻找原因，准备再次尝试固定三脚架。

幼儿的经验与学习

幼儿有了前期绑支架的经验，在搭三脚架时将"竹竿底部削尖更容易插进土里"的经验迁移到本次操作活动当中，很明显幼儿的经验迁移能力有了明显的提高。但也出现了其他的问题：三脚架不稳固，容易倒。大家开始讨论，寻找原因。旗旗认为是大家的力量不够，三脚架插进土里不深，容易倒；珊珊认为是三脚架的底部太靠近了，所以不稳固；源源认为是吊瓶太重了，把三脚架压倒了。大家根据想出的各种原因，决定再一次尝试解决三脚架立不稳的问题。

教师的支持和策略

首先，在本次活动中，幼儿的分工合作意识有了明显的提升，将计划列得更加详细，把"人员"一栏调整为"人员具体分工"，从计划本身让幼儿明确自己的分工，增强幼儿的计划意识。其次，幼儿的整体思维能力在提高，在尝试制作"补水"工具时，第一组制作"吊瓶保湿器"发现没有地方挂吊瓶，想到了搭一个三脚架，我们选择放手让幼儿操作，他们充分利用前期绑支架的经验——削尖底部、裹胶带、固定，能够快速地搭好三脚架。最后，幼儿在固定三脚架的过程中，又发现三脚架立不稳，容易倒，决定再一次尝试解决三脚架立不稳的问题。

探究 3：第三次制作——吊瓶漏水了

今天的活动开始了，大家都围绕着昨天的问题着手解决。珊珊拿着三根竹竿。旗旗拿着扭扭棒将竹竿接头固定，再用透明胶带再次固定。源源顺利地将胶带剪断。5 分钟后，三脚架做好了。他们将做好的三角架插进土里，豪豪和佑佑也来帮忙，大家一起力量更大，这样竹竿就会插得更深，更不容易倒。他们用手摇了摇，这次终于立稳不倒了。珊珊拿着吊瓶去接水处接水，源源在另外一头牵着长长的输液线跟着珊珊一起。但是他们又发现了新的问题，在将吊瓶接满水后，吊瓶的接口处不断在漏水，还没有来得及将吊瓶挂在三脚架上，水就已经漏完了。旗旗说："这个接口处有缝隙。"珊珊说："是不是我们的洞戳得太大了，要戳小小的洞。那我们重新做一个吧。"

绑好三脚架插进土里   挂上吊瓶给番茄苗补水

幼儿的经验与学习

　　首先，幼儿有了上一次分工合作的经验，在又一次的操作中分工合作意识更强，在很短的时间内完成了三脚架的制作。可以看出，幼儿的精细动作得到了发展，经验也得到了提升。其次，幼儿发现问题、验证猜想、解决问题的能力也有所提升，当遇到吊瓶漏水太快的问题时，没有第一时间寻求教师的帮助，而是主动思考原因，想出解决办法，决定进行再一次的制作。最后，幼儿在操作活动中的毅力也得到了发展，在经过多次制作失败后，幼儿的兴趣没有减弱，而是更加积极主动地去解决问题，进行再一次的尝试。

教师的支持和策略

首先，在本次活动中，幼儿的分工合作意识有了明显提升，在做计划时更加详细。其次，幼儿的整体思维能力在提高，能够在遇到问题时有"发现问题—分析原因—找到方法—再次尝试"的思路。教师作为旁观者，给予幼儿时间和空间上的支持，提供辅助性材料，如饮料瓶、筷子、滴管等。最后，幼儿保持了兴趣，其意志力有所体现。我们选择继续根据幼儿的兴趣，给予幼儿鼓励，支持幼儿的深度学习与探究。

探究4：第四次制作——"补水"工具制作完成啦

第四次制作准备开始，幼儿的分工更为明确：旗旗和珊珊负责制作三脚架；源源和佑佑负责戳洞，插入输液管。10分钟后，他们完成了各自的那一部分，源源说："我们去接水，为番茄苗补水吧。"旗旗说："好的，我来拿输液管。"水接好了，源源走到三脚架前，将接好水的输液吊瓶挂了上去。珊珊打开吊瓶的开关，他们观察着输液管中的水流。珊珊说："看，输液管在给番茄苗补水了，我们成功了。"就在这时，第二组的"毛巾保湿器"也制作完成了，第三组的"戳洞饮料瓶"也挂在了竹竿上，第四组的筷子倒插在土里，饮料瓶上的毛巾条也在开启补水功能啦。大家都完成了本次的"补水"工具制作，番茄苗不会干枯啦，我们会好好照顾你们的。

用吊瓶接水

吊瓶保湿器

给番茄苗补水

用盆接水

将毛巾放入盆中

毛巾保湿器

一起合作绑筷子

将筷子倒插在土里

筷子倒插法补水

幼儿的经验与学习

首先，幼儿的种植经验有了很大的提升，知道了番茄苗生长的条件，发现了番茄生长过程中出现的问题，并通过查找资料、与家长交流、向教师寻求帮助等方式解决问题。其次，在幼儿细心照顾番茄苗的过程中，也体现出了幼儿的细心、服务意识、观察能力有所提升。最后，幼儿在种植过程中也学习到了很多种植的小妙招，比如番茄苗倒了要绑支架来支撑、番茄苗受冷了要为它盖上薄膜、番茄苗缺水了要为它补水、番茄苗长不高了要为它剪下多余的枝条等，这些都为今后的种植课程打下了基础、积累了经验。

六、活动反思

（一）幼儿层面

在整个探究活动中，幼儿主要以主动探究、验证猜想为前提，通过小组合作、做计划、明确分工的方式来解决问题。但这当中也存在了一定的问题。首先，幼儿在发现问题方面有思维局限，表现为跟随班级其他幼儿的问题发现类似的问题，没有从不同角度去发现问题。其次，幼儿解决问题的能力还需要提升，在进行分工合作时意识不强。

（二）教师层面

教师在观察与指导策略方面有一定的提高，能够观察到幼儿出现的问题，给予一定的支持，推进整个项目活动的开展。但不足的是，在活动探究的整个过程中，探究形式比较单一，只是从简单的单人探究转变成了小组探究，在提升幼儿共同经验上形式较为单一，教师应让每位幼儿都能表达自己的想法，其他幼儿也能认真地学习同伴的经验。

（教师：黄霞、曾艳、刘凤）

第三节 大班主题活动

菌菇大探秘

一、活动来源

一天午餐，乐乐看着碗里的蘑菇汤开心地说："我最喜欢喝这个汤了，里面有我最喜欢的平菇。"孩子们开始小声交流起来。

餐后，孩子们还意犹未尽地讨论着关于菌菇的话题，一场有关"菌菇"的讨论在班级扩散开来……

二、活动分析

当意识到孩子们对菌菇产生了探究兴趣后，我们试着对菌菇主题进行预设，挖掘其主题价值，分析其可行性。

（一）幼儿的相关背景

为了进一步了解幼儿的已有经验及兴趣动向，我们围绕"关于菌菇，你知道什么""关于菌菇，你还想知道什么"等问题展开讨论。孩子们聊到菌菇的种类、名称等，想知道"菌菇从哪里来"等问题。第二天，曦曦还带来了一本关于菌菇的图书，他们持续讨论着，将经验绘制成一张网络图，呈现在教室一角，以便能随时将想到的问题记录上去。

（二）活动的教育价值

当了解了幼儿的问题、兴趣及需求后，我们试着寻找课程的生长点，挖掘主题核心价值。

首先是理论依据。《指南》指出幼儿在探究中认识周围事物和现象，对 5 ~ 6 岁幼儿提出明确目标——"能察觉到动植物的外形特征、习性与生存环境的适应关系"，倡导"教师要支持并帮助孩子在接触自然、生活事物和现象中积累有益的直接经验和感性认识"。

其次是园所理念。基于我园"生活教育"理念，在食育课程"源于食育，归于健康"

的课程目标下，鼓励幼儿走进菜市、厨房，通过制作、品尝、分享，掌握简单烹饪技能，了解食物营养，增进对食物的感情。

最后是兴趣需求。把握班级幼儿的兴趣与需求，鼓励幼儿观察、记录、设计、实验，形成良好的学习品质。

（三）教育资源现状

社会资源：幼儿经常会与家长一起逛菜市、逛公园，能够为寻找菌菇提供场所。

家庭资源：班级中语语小朋友家以种植平菇为生，有专门的菌菇房，可以为探究提供材料等资源。

园所资源：我园践行食育课程，幼儿园的生活体验馆能为幼儿提供操作体验的场所与空间。

（四）活动的可行性分析

活动名称：菌菇大探秘	
1. 探究活动的可操作性	
幼儿好奇心	你吃过哪些菌菇？菌菇从哪里来？为什么幼儿园的菜地里没有种菌菇？
探究材料	菌菇；菌包；毛巾、箱子、水壶等工具。
家庭和社会资源	菜市、青龙湖公园等为寻找菌菇提供场所；家庭亲子烹饪，帮助幼儿掌握简单烹饪技能。
参访场所	菜市、公园等。
开展难点	菌菇生长条件的把控，包括温度、湿度等。
教师兴趣	教师也想知道菌菇是怎么长出来的。
2. 探究活动的教育价值	
幼儿可获得的经验	了解大自然与人们生活的密切关系；了解菌菇的外形特征、习性与生存环境的适应关系；了解菌菇生长过程、生长条件、营养价值等
幼儿可掌握的技能	能种植与照顾菌菇；掌握简单烹饪菌菇的技能；用数字、图画、表格或其他形式进行记录，借助工具，查阅书籍等；在探究中与他人合作与交流。
幼儿可能面临的挑战	菌菇生长条件的创设。

活动名称：菌菇大探秘	
3. 活动内容设想	
操作探究活动	种植、照顾菌菇；采摘、烹饪菌菇；菌菇创意表征；菌菇大餐策划。
领域活动	健康领域：《安全食用菌菇》《毒蘑菇》《菌菇食谱》； 语言领域：《菌菇知多少》； 科学领域：《菌包的秘密》《菌菇种植方法》《菌菇小实验》《拯救菌菇》； 社会领域：《菌菇大调查》《菌菇在哪里》《菌菇分享会》《小组调查与分享》； 艺术领域：《创意菌菇》《菌菇艺术展》。
参访活动	寻找菌菇；亲子菌菇美食制作。
表征活动	创意菌菇；菌菇大餐环境创设；调查与发现。
4. 资源需求设想	
人力资源	家长；教师；幼儿。
环境和材料	菌菇大餐环境创设；菌菇大餐食材；主题墙创设。
5. 环境支持设想	
班级环境规划	班级科学区、语言区、美工区材料及环境布置；主题墙创设；生活区环境。
社会实验场创设	生活体验馆。

基于这样的思考，我们决定循着幼儿的兴趣，开展"菌菇大探秘"主题活动。期望通过此主题，让孩子们在探究中了解周围事物和现象，知道菌菇的外形特征、习性与生存环境的适应关系；通过观察照料菌菇，了解菌菇的生长变化；通过制作与分享，了解菌菇的营养价值及不同吃法；指导幼儿用数字、图画、表格或其他形式进行记录；在主题探究中，指导幼儿与他人开展合作交流、大胆表达与分享，使其获得终身受益的学习品质。

三、活动目标

（一）总目标

1. 认知

（1）在探究中认识周围事物和现象，了解菌菇的外形特征、习性与生存环境的适应关系。

（2）了解菌菇生长的基本规律和生存环境，感知菌菇不同阶段的生长变化。

2. 技能

（1）尝试简单烹饪菌菇，了解菌菇的营养价值及不同吃法。

（2）能交流和讨论种植菌菇过程中发现的问题，并尝试探索多种方法解决。

（3）能用数字、图画、表格或其他形式进行记录，在探究中开展合作交流，大胆分享与表达。

3. 情感

（1）喜欢种植和照料菌菇，体验劳动的快乐和收获的喜悦。

（2）喜欢品尝菌菇美食。

（二）子目标

1. 子主题一：寻找菌菇

（1）认识生活中常见的菌菇，能通过调查、观察等方法了解菌菇的名称及外形特征。

（2）能用数字、图画、表格或其他形式进行记录。

（3）能大胆表达，乐意与同伴交流、分享。

2. 子主题二：种植菌菇

（1）了解菌菇生长的基本规律和生存环境，感知菌菇不同阶段的生长变化。

（2）能交流和讨论种植菌菇过程中发现的问题，并尝试探索多种方法解决。

（3）能用数字、图画、表格或其他形式进行记录，并乐意与同伴交流、分享。

（4）喜欢种植和照料菌菇，体验劳动的快乐。

3. 子主题三：收获菌菇

（1）初步了解食物储存的方法。

（2）了解菌菇的营养价值及不同吃法。

（3）尝试简单烹饪菌菇，喜欢品尝菌菇美食。

（4）体会收获的喜悦。

四、活动网络图

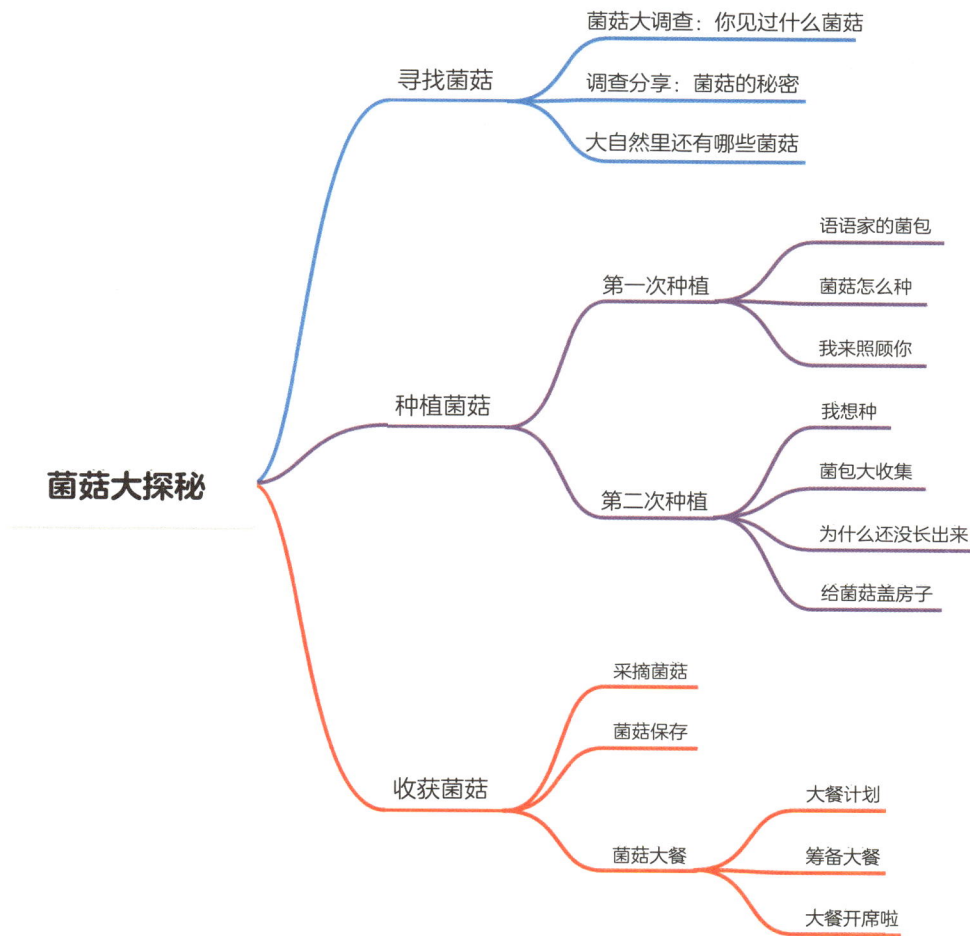

菌菇大探秘

寻找菌菇
- 菌菇大调查：你见过什么菌菇
- 调查分享：菌菇的秘密
- 大自然里还有哪些菌菇

种植菌菇
- 第一次种植
  - 语语家的菌包
  - 菌菇怎么种
  - 我来照顾你
- 第二次种植
  - 我想种
  - 菌包大收集
  - 为什么还没长出来
  - 给菌菇盖房子

收获菌菇
- 采摘菌菇
- 菌菇保存
- 菌菇大餐
  - 大餐计划
  - 筹备大餐
  - 大餐开席啦

五、活动过程

（一）子主题一 ——寻找菌菇

活动 1：菌菇大调查

语语："我见过香菇，一朵一朵的，就像一把伞一样。"

乐乐："我妈妈最喜欢吃金针菇，金针菇细细的，上面还有一个小帽子。"

豪豪："你们见过鸡腿菇吗？我知道它粗粗的，就像鸡腿一样。"

……

孩子们七嘴八舌地讨论着，看着孩子们的兴奋劲，我提问引导："菌菇都长什么样？怎样让大家都知道呢？"孩子们开始交流起来，最终大家一致决定：一起调查。于是，孩子们分组设计调查表，回家后与爸爸妈妈开始了菌菇大调查。

幼儿寻找菌菇

通过走访菜市、超市，孩子们将见到的菌菇记录下来，并将真实的菌菇带到班级，与同伴一起分享。

活动2：菌菇展览会

孩子们将带回的菌菇呈现在班级展示台上，一场"菌菇展览会"随之展开了。孩子们在看一看、摸一摸、闻一闻中，通过直接感知，丰富了对各种菌菇外形特征及属性的认识。

活动3：菌菇的分类

展览会结束后，孩子们将菌菇放置到班级生活区，在摆放菌菇的过程中，孩子们提出问题："这些菌菇怎样摆放更好看呢？"一场关于菌菇的分类活动悄然拉开帷幕。

童童："颜色一样的放在一起。"

航航："形状相似的放在一起。"

龙龙："有的大，有的小，大的放一块儿，小的放一块儿。"

……

孩子们以绘画的方式记录下自己的分类方式，按颜色、形状、大小等分类摆放，并将成果展现在主题环境中。

阶段反思

本阶段的活动主题目标之一是认识生活中常见的菌菇，通过调查、观察等方法了解菌菇的名称及外形特征。我们采取启发式提问的支持策略，不断激发幼儿对菌菇的探究热情，通过引导幼儿走进菜市、农场，在生活中调查与记录，分享与总结，通过日常活动、区域游戏、主题环境有机整合，从而达到了这一教育目的。探究开始前，幼儿只能说出一两种常见的菌菇名称及其外形特征。在调查中，幼儿用图画、符号等进行记录；在分享中，幼儿你一言我一语，大胆表达，满是新奇，了解了很多自己以前没有见过的菌菇，进一步丰富了对菌菇外形特征的认知。

（二）子主题二——种植菌菇

活动1：种植方法大调查

在前一阶段寻找菌菇的过程中，孩子们也提出新的困惑："我们找到的都是采摘后的菌菇，像香菇、平菇等这些我们经常吃到的菌菇到底长在哪里呢？""为什么幼儿园的小菜地里没有种过菌菇？"孩子们带着新的问题展开了调查。

活动2：圆圆鼓鼓的菌包

在来园分享环节中，语语带来了一个圆圆鼓鼓的东西，它能长出我们吃的平菇。在语语的介绍下，孩子们认识了菌包，而菌包的出现也大大激发了孩子们的种植热情。

活动3：第一次种菌菇

1. 家长课堂

孩子们邀请语语妈妈走进幼儿园，在语语妈妈的指导下开始种植平菇啦！划口、喷水、裹毛巾……孩子们满心期待，忙得不亦乐乎。

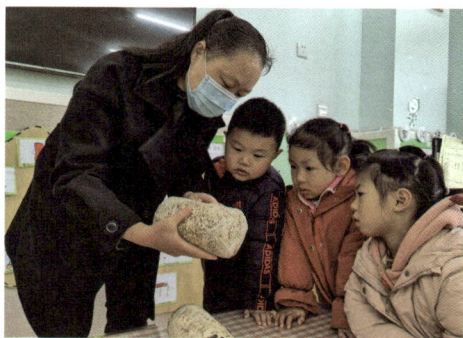

家长进课堂

2. 我来照顾你

孩子们每日都会按时给菌包浇水，还设计了平菇生长日记本，把自己的观察、发现的问题及解决方法等都记录下来，并与同伴分享。使用生长日记本记录也让孩子们获得了许多有关平菇生长的直接经验。

3. 送厨分享

在大家的精心照顾下，平菇很顺利地长出来了。孩子们参与采摘、清洗、整理等，将收获的平菇送到厨房，全园的小朋友和教师都喝到了平菇汤，孩子们感受到了成功的喜悦和分享的乐趣。

阶段反思

在调查活动中，我们巧妙地利用家庭资源，以幼儿熟悉的平菇为对象，给予幼儿充分的时间和空间，鼓励幼儿在日常生活中观察与记录、交流与分享，引导幼儿在直接感知、亲身体验、实际操作中获得菌菇生长变化的新经验，初步达成本阶段了解菌菇生长的基本规律和生存环境、感知菌菇不同阶段的生长变化的目标，并进一步增强了记录并大胆分享与表达的学习品质。同时，通过采摘、送厨活动，幼儿初步体验了劳动的快乐和收获的喜悦，基本达成本阶段的情感目标。

活动4：第二次种菌菇

1. 采摘后的菌包

"采摘后的菌包还能再长出菌菇吗？"为了激发幼儿的问题意识，发展其探究能力。我们给予孩子充分的时间、空间和材料，鼓励幼儿用多种方法探索尝试。

龙龙："我们把菌包泡进水里试一试。"

良志："还是跟以前一样，给它裹上湿毛巾。"

欣欣："它是不是怕冷，我们用树叶给它做一床大被子。"

……

孩子们通过"泡进水里""裹上湿毛巾""用树叶做床大被子"等方法进行猜测与验证，最后发现埋在树叶堆里的菌包真的长出了菌菇，这大大激发了幼儿的探究热情，增强了其发现问题、解决问题的意识。

2. 新增加的菌包

佳颖："老师，我还想种一次菌菇。"

萱萱："我也想，我想种香菇。"

梦瑶："我想种榆黄菇。"

峰峰："对呀对呀，上次语语妈妈只带我们种了平菇，我还想看看我最爱吃的杏鲍菇是怎么长出来的。"

西西："我调查到有黑平菇、灰平菇，它们长出来是一样的吗？我想试一试。"

……

为了支持幼儿充分探究，满足幼儿实践、操作的需要，我们决定调整活动推进进度，与孩子们再种一次菌菇。孩子们收集了更多种类和数量的菌包，第二次种植开始了。孩子们自由组建小组，分组认领菌包，设计小组标识，制作小组观察记录表，通过迁移第一次的经验，很快就完成了种植。

发霉的菌包

本以为有了上一次种植与照料平菇的经验，菌菇会很顺利地长出，但菌菇迟迟没有长出来，有的菌包甚至开始发霉、变臭。

3. 给菌菇盖房子

孩子们通过调查发现：原来随着天气的转冷，我们都已经穿上了厚厚的衣服，菌包也会怕冷的。

"那我们给菌包盖一座房子吧！"浩宇的提议得到大家的一致认可。于是，一场拯救菌菇的行动开始了。

"菌菇需要什么样的房子？"我顺势追问，这样的提问是为了唤起幼儿关于菌菇生存条件的经验。孩子们开始分组讨论和设计，不仅考虑了房子的造型，还兼顾了温度、湿度等条件因素。"草房子、彩虹积木房、高低小洋房、大棚房、阳光房、大树房、纸箱房……"为了进一步激发幼儿的问题动机，我们放手让每一组的幼儿自主合作探究。

以下是为平菇设计的房子的探究之旅。

第一次探究：孩子们迁移"搭帐篷"的经验，找到了 PVC 管来制作房子。孩子们兴高采烈地将菌包送进房子，满心期待它快快长出来。但孩子们只关注了房子的造型，忽略了兼顾温度、湿度等条件因素。虽然知道孩子们这一次多半会失败，但是为了让孩子们自己发现问题，我决定退居后台，让孩子们自己探索发现。

房子设计图

用 PVC 管做房子

几天过后，孩子们发现菌包依旧没有动静，而且明显发霉、变臭。当捕捉到孩子们的疑惑时，我启发提问："你们设计的是一座温暖的房子，怎样让它变得更加温暖呢？"孩子们恍然大悟：原来，房子四周都是镂空的，并没有保暖的作用。于是，他们调整设计图，开始了第二次尝试。

第二次探究：孩子们选择用 KT 板将房子四周围起来，使用剪刀、双面胶、透明胶带等工具，多次尝试，将其固定。为了更加准确地兼顾温度这一条件因素，孩子们还使用温度测量仪，每天坚持测量温度并进行记录。

虽然兼顾了温度，但是平菇仍然长得很慢，与第一次种平菇的经验相比，这一次的平菇迟迟没有长大，孩子们继续寻找原因。在调查访问的过程中，孩子们发现：平菇长出后，不喜欢完全黑暗的地方，一定的光照能够帮助平菇长得更快、更好。于是，孩子们再一次调整自己的设计图，为平菇盖一座适宜的房子。

第三次探究：孩子们将 KT 板换成了透明的包装膜，为了充分利用空间，孩子们还利用 PVC 管、扭扭棒等材料，把菌菇房子由一层变两层、两层变三层，拯救了更多的菌包。

调整设计图

增加透明膜，调整结构

多层菌菇房设计图

多层菌菇房

其他小组也根据菌菇的情况做出了适宜的菌菇房。例如给喜欢黑暗环境的杏鲍菇盖了一个纸箱房，给不喜欢黑暗环境的菌菇盖了一间阳光房。

孩子们每天坚持喷水、量室温，做好观察和记录，在精心照料下，很快菌菇就长出来了。

阶段反思

　　为了满足幼儿探究的需求，教师及时根据幼儿兴趣调整活动推进进度，对幼儿第二次种菇的探究活动进行协助。教师退居后台，成为观察者、引导者，采用提问、追问、提示等方式，例如"采摘后的菌包还能再长出菌菇吗""还有哪些方法呢""菌菇需要什么样的房子""怎样让它变得更加温暖呢"等，不断引导幼儿发现问题；同时，允许幼儿在教室乃至幼儿园的任何一个地方寻找材料，鼓励幼儿与环境互动，通过亲身体验、实际操作，验证猜想，收获经验。通过"给菌菇盖房子"等活动，达成本阶段能交流和讨论种植菌菇过程中发现的问题，并尝试探索多种方法解决的目标。

（三）子主题三——收获菌菇

活动 1：菌菇的保存

　　孩子们想到放进冰箱、摆盘晾晒、用线串起来、泡盐水、泡清水等菌菇保存方法，围绕自己的猜想开始一一验证。每一组记录的结果都不一样，最后通过分析记录结果得出最佳保存方法是风干。

活动 2：菌菇大餐计划

　　孩子们的兴趣点从品尝菌菇的味道发展到自己设计与制作，并用菌菇布置环境——可以吃、可以看，还可以玩。我们决定放手，让孩子们自己决定：什么时候吃、跟谁吃、怎么吃。"你心中的菌菇大餐是什么样子的？"我顺势追问。孩子们迁移上学期"端午宴"的经验，自主形成合作小组，包括设计布局组、物品准备组、海报宣传组、菌菇美食制作组、礼仪解说组等。在确定了开餐时间和地点后，各小组围绕自己的小组计划，开始筹备。每一个小组通过合作与交流，围绕共同的目标——菌菇大餐开始努力，在筹备过程中不断发现问题、解决问题，从而获得了良好的学习品质。

用椅子搭菌菇展台

布置菌菇创意作品展示区

通过小组合作，用餐环境布置出来啦！

菌菇大餐环境

一位家长在班级群分享了自家宝贝制作菌菇美食的视频。没想到，更多家长参与进来，引发了一场"菌菇吃法大比拼"的家庭美食活动。

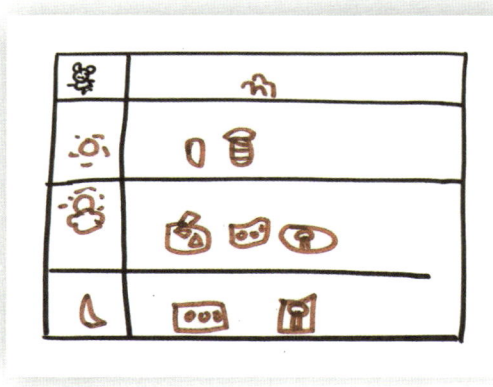
菌菇美食计划

在家制作菌菇美食

通过投票最终选出凉拌金针菇、椒盐平菇、鸡蛋炒平菇三种最受大家欢迎的美食，并制作了菌菇美食计划。

活动3：菌菇大餐开席啦

菌菇大餐终于开席啦！菌菇美食制作组的幼儿按照菌菇美食计划走进生活体验馆，清洗、烹饪、摆盘、上桌，全程由幼儿合作完成。幼儿的经验从前期的单纯品尝菌菇味道提升到了解食物搭配、设计食谱、制作美食，掌握简单的烹饪技能，感受劳动与分享的乐趣。

制作菌菇美食

接下来，解说员上岗，向同伴介绍着主题墙上的探究历程，回顾探究过程中的小故事；

在展示区介绍关于菌菇生长、菌菇营养、菌菇房的秘密；在实验操作区带领更多小朋友探究菌菇实验。

欣赏菌菇作品

品尝菌菇美食

阶段反思

　　本阶段，与同伴一起品尝菌菇是探究的重点，教师期望通过品尝与分享活动，达成体验收获的喜悦这一目标。随着幼儿经验的增加，孩子们已经不再满足于品尝菌菇的味道，而是萌生出想要自己制作并且向更多的同伴宣传介绍自己的菌菇探究之旅的兴趣需求。当教师捕捉到幼儿的兴趣需求后，给予幼儿充分的自主权利，给予幼儿足够的时间、空间和材料，支持幼儿按照自己的意愿筹备心中的菌菇大餐，幼儿在交流、展示、互动的过程中，实现了个别经验、小组经验、集体经验的整合。

六、活动反思

（一）幼儿经验不断丰富，习得良好习惯和优良品质

幼儿的学习源于对问题的兴趣，如"你还见过哪些菌菇""菌菇长在哪里""为什么菌菇还没长出来""怎样保存菌菇"等，幼儿的学习也就是在这样不断地提出问题的过程中逐渐深入的。在制作菌菇房的过程中，孩子们经历多次尝试，逐一解决菌菇种植过程中遇到的问题。

随着经验的不断丰富，幼儿开始策划组织、小组合作，在交流互动中，不断习得主动探究、猜测验证、观察记录等良好的习惯。在策划菌菇大餐的过程中，幼儿不断发现问题、

解决问题，习得合作交流、大胆表达、创造表现等优良品质。

（二）教师善于总结与反思，专业素养和专业能力得到提升

在"菌菇大探秘"主题活动中，教师一直践行着《纲要》所提出的教师在幼儿活动中应扮演好三大角色，即"教师应成为幼儿学习活动的支持者、合作者、引导者"。在主题活动的推进过程中，教师能以幼儿为主体，关注幼儿的发展，并根据幼儿的兴趣与需要提供适宜的帮助，有效地支持幼儿自主探索和尝试。

生成活动来源于幼儿的兴趣，只有将教师预设活动与幼儿生成活动有机结合起来，才能最大限度地发挥主题活动的价值。在探秘菌菇的整个过程中，教师结合幼儿的年龄特点以及当前的生活经验对幼儿发散生成的各条探究线路不断进行梳理，以保证主题脉络的价值取向。

（三）家长教育观念转变，家园合作意识增强，亲子关系明显增进

在主题活动开展过程中，教师关注家园共育，关注家长与幼儿园、教师的高效协作。随着主题的深入推进，家长自然、积极地融入幼儿园日常的教育教学活动中，成为幼儿的好朋友，成为幼儿园的好帮手。

（教师：赵羚茜、魏薇、杨小燕）

遇"稻"一粒米

一、活动来源

上学期大班哥哥姐姐们种下的水稻因毕业的原因，未能及时收割，于是本学期我班幼儿接着照顾这一批水稻。当孩子们走进种植园，通过看一看、摸一摸、闻一闻对水稻进行观察后，教师组织了开展了谈话活动，孩子们纷纷提出"为什么我们的水稻会发霉呢""为什么我们的稻谷里面没有米""稻谷究竟长什么样呢""大米可以做哪些好吃的"等问题，

此时幼儿对水稻产生了浓厚的兴趣。教师结合平时的进餐活动中，发现幼儿存在掉饭、洒饭、倒饭等浪费粮食的现象，借助 10 月 16 日世界粮食日的契机，在体验探究活动中融入节约粮食理念，于是关于水稻的一场探究活动开启了。

二、活动分析

（一）课程资源的支持

1. 家庭资源

本班家长特别支持幼儿参与实践探究类活动，通过问卷调查发现，我班家长月月妈妈、齐齐妈妈会做米制品，在开展米制品美食制作时，可以邀请家长入园，给幼儿展示米制品的做法，参与到班级活动中。

2. 教师资源

本班教师对米制品的加工充满兴趣，乐于带领幼儿一起探究，并且本班保育教师罗老师擅长制作米制品，如锅巴、米糕等，能够和幼儿一起探究米制品的制作过程。

（二）活动的可行性分析

活动名称：遇"稻"一粒米	
1. 探究活动的可操作性	
幼儿好奇心	幼儿提出关于水稻特征、大米美食制作等问题。
探究材料	水稻收割工具、晒稻工具、打米机、爆米花机、制作大米美食的炊具等。
家庭和社会资源	1. 联系制作传统爆米花的手艺人。 2. 联系米商参观打米机。
参访场所	郫县水稻基地。
开展难点	1. 参观打米机涉及外出，要注意幼儿安全。 2. 爆米花机器使用涉及安全，幼儿无法直接体验。
教师兴趣	教师对大米美食的制作充满兴趣，乐于带领幼儿一起探究。
2. 探究活动的教育价值	
幼儿可获得的经验	1. 认识和了解水稻的组成部分及食用价值。 2. 能够用水稻制作创意手工作品。 3. 了解水稻的生长和收获过程，知道大米来之不易，养成节约粮食的习惯。

活动名称：遇"稻"一粒米	
幼儿可掌握的技能	1. 收稻、晒稻的简单方法。 2. 烹饪大米美食的简单技能。 3. 幼儿制订活动计划的能力。 4. 幼儿活动中表达与表征能力。
幼儿可能面临的挑战	1. 成果展示场地布置。 2. 分组开展活动时，组内的分工与合作。
3. 活动内容设想	
操作探究活动	1. 水稻基地参访、水稻生长变化观察记录活动。 2. 收割水稻、晾晒水稻工具和方法的探究活动。 3. 米制品调查、制作活动。 4. 爱惜粮食、光盘行动等活动。
领域活动	1. 食康：《大米的营养》《米制品美食制作的安全》。 2. 食语：《悯农》。 3. 食礼：《禾下乘凉梦》《珍惜粮食》。 4. 食探：《关于水稻，我知道》《水稻观察记》《水稻的生长条件》《水稻收割计划》《第一次收水稻》《第二次收水稻》《我的晒稻计划》《制作米制品美食》。 5. 食美：《稻草粘贴画》《稻草人》《稻谷水粉画》。
参访活动	《水稻参访记》《米制品参访调查活动》。
表征活动	《稻草粘贴画》《稻草人》《稻谷水粉画》。
4. 资源需要设想	
人力资源	1. 保安人员会使用爆米花机器。 2. 班级家长有水稻基地参访的资源。 3. 家长和保育老师会制作米糕和锅巴等大米美食。
环境和材料	各类可供制作美工作品的稻谷（稻杆、稻草），提供了稻谷、大米等材料投放到科探区开展稻谷生长条件的实验，提供了与稻谷和大米有关的绘本故事。
5. 环境支持设想	
班级环境规划	1. 班级美工区创设稻谷等主题环境。 2. 班级科探区开展稻谷生长实验的环境和材料准备。 3. 班级生活区投放进行寿司、米糕制作等相关食材。 4. 大厅创设稻谷作品展。
社会实验场创设	组织筹划进行水稻成果展。

三、活动目标

（1）通过参访和调查，认识水稻，通过看、摸等操作，了解水稻的组成部分及食用价值。

（2）通过趣玩稻草，初步学会编、搓、粘等技能并大胆创作，体验稻草游戏带来的乐趣。

（3）乐意品尝并制作不同的米制品，分组制作时能够发现问题并解决问题。

（4）亲近大自然，体会粮食的来之不易，初步养成爱惜、节约粮食的好习惯。

四、活动网络图

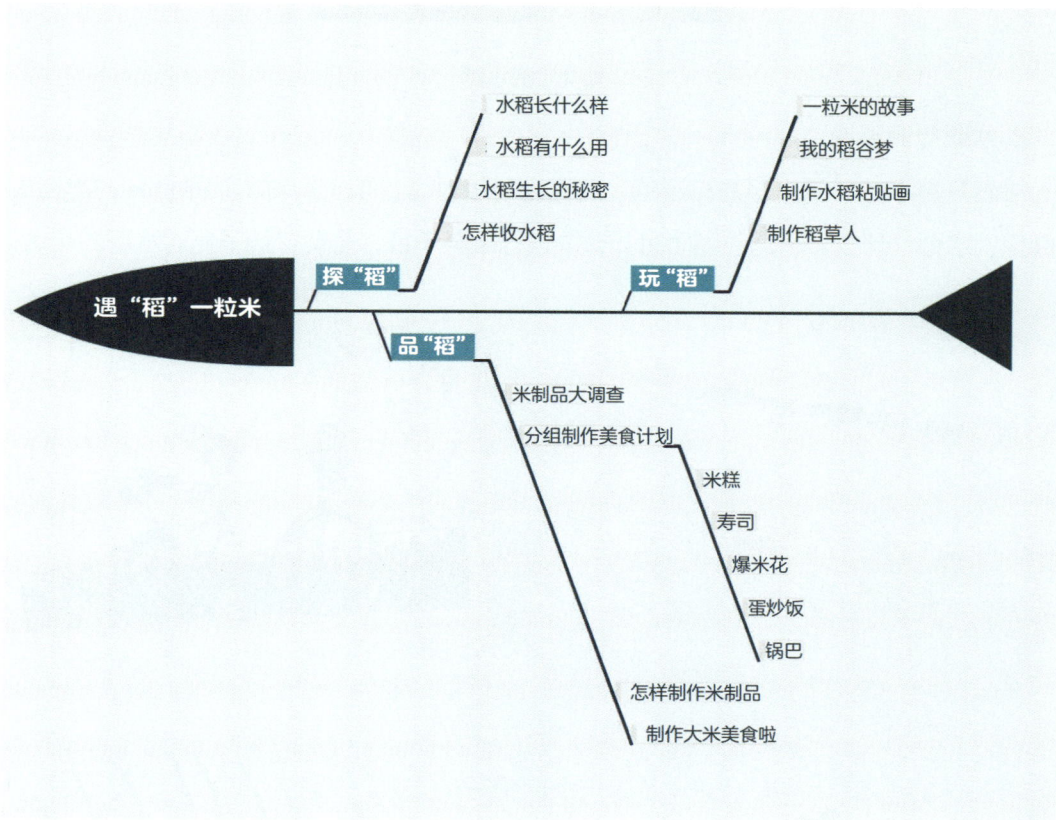

遇"稻"一粒米

探"稻"
- 水稻长什么样
- 水稻有什么用
- 水稻生长的秘密
- 怎样收水稻

玩"稻"
- 一粒米的故事
- 我的稻谷梦
- 制作水稻粘贴画
- 制作稻草人

品"稻"
- 米制品大调查
- 分组制作美食计划
  - 米糕
  - 寿司
  - 爆米花
  - 蛋炒饭
  - 锅巴
- 怎样制作米制品
- 制作大米美食啦

五、活动过程

第一阶段 探"稻"

1. 水稻观察记

上学期哥哥姐姐们种植的水稻已经成熟了，新学期我们来到种植区，孩子们对水稻特别感兴趣，于是老师和孩子们一起观察水稻，孩子们根据自己看到的水稻的样子进行了绘画记录。

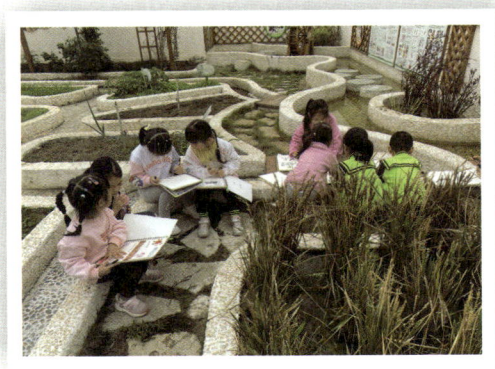

幼儿观察水稻

2. 水稻经验讨论

接着开展了"关于水稻我知道的"的班级小组讨论，孩子们对水稻是什么、水稻生长在哪里、水稻长什么样、稻谷里面有什么等进行绘画表征，呈现了孩子们对水稻的初认识。

幼儿对水稻的认识

师："你们知道在收割水稻前要准备什么吗？"

第一组：

吴玥：我想用铲子去收割水稻。

俊涵：我想用锄头。

芯怡：我来负责记录。

柯贝：我负责拿水稻。

诗瑶：我们的这些工具可以把水稻收割下来吗？

第二组：

雅殊：我来记录。

吴阳：我和宸皓用锄头去收割水稻。

宸皓：还可以用剪刀和铲子。

筱乐：我用剪刀去剪水稻。

晋鹏：我负责拿水稻。

第三组：

晨兮：我们可以用剪刀、铲子和锄头去收割水稻。

焱兴：我来负责记录。

依婷：我要用剪刀去剪水稻。

洛嘉：那我负责拿水稻吧。

第四组：

昊琨：收割的工具可以用叉子、镰刀，我想去收割水稻。

昕玥：我来记录。

怡睿：还可以准备手套，用来保护手。

柯洁：还有锄头，我也想去割水稻，割它的上半部分。

娜娜：我们可以穿雨靴到里面去割。

第五组：

佳艺：用剪刀、锄头来收割水稻。

子墨：我来负责记录。

馨婷：我想用剪刀去剪水稻。

佳妍：我想用手去拔水稻。

开耀：要注意衣服不要被水打湿了。

第四组幼儿收割计划

第五组幼儿收割计划

3. 收割水稻

孩子们在教室里寻找收割着可以收割水稻的工具，他们找来了剪刀、吸管、铲子等工具后，小组内进行投票，最终每个小组确定了自己想要使用的工具并开始收割水稻。结束后，各小组又开展了经验分享讨论。

第一组：我们收割水稻用的手和剪刀，很好用。但是没有小朋友负责拿水稻，而且在收割水稻的时候衣服被打湿了。

第二组：我们这组用的工具是剪刀，很好用，剪的是水稻的中间和上半部分，但是我们发现很多水稻是黑的、坏的，没有谷子。靠里面的水稻，我们进不去，没办法收割。

第三组：我们用的是剪刀、锄头、铲子和吸管，剪刀很好用，用它收了很多水稻。铲子、吸管、锄头都不行。

第四组：我们用的手、锄头和吸管，用手扯了很多水稻，锄头和吸管要用力敲打才能收割一些水稻。

第五组：我们用的吸管、铲子、锄头，都不好用。我们组的开耀和佳艺负责拿水稻，其他小朋友负责割水稻。

幼儿收割水稻

幼儿收割发现

4. 晒稻谷计划

水稻收割后，孩子们将稻谷放到盒子里，兴兴说："这些稻谷需要晒干，不然全部都会发霉的。"孩子们开始讨论稻谷怎么晒以及需要哪些工具等问题。

（1）晒稻谷需要哪些工具？

昕玥：晒稻谷需要篮子、水桶。

焱兴：需要簸箕、耙子。

雅姝：需要一个架子、一个大场地和一个袋子。

筱乐：需要铲子。

芯怡：需要筐子。

晨兮：需要竹筐和盆。

（2）稻谷晒在哪里？

柯洁：晒在有大太阳的地方。

书妍：晒在坑里面。

依婷：晒在土里面。

洛嘉：晒在地上。

言蹊：晒在有空气的地方。

忠琳：晒在桌子上。

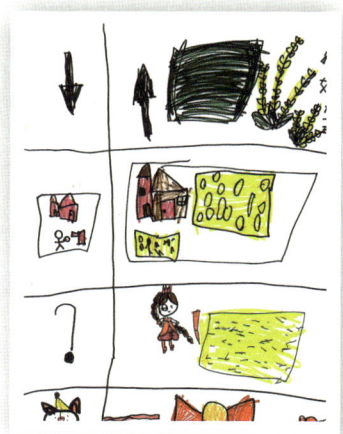

幼儿晒稻谷计划一

晋鹏：晒在楼顶上。

佳妍：晒在操场上。

吴阳：晒在空中花园的桌子上。

吴玥：晒在有光线的地方。

梓轩：晒在地上有太阳的地方。

（3）稻谷可以怎么晒？

吴阳：用铲子推到有光的地方。

晋鹏：用铲子推到有阳光的地方。

曦月：用手把稻谷铺平整。

雅姝：在大场地上先铺上口袋，再倒稻谷，用铲子铺平。

怡睿：用垫子把稻谷铺在上面。

书妍：铺在1号场地，用铲子铺平。

焱兴：用簸箕铺平。

接着小组制订了晒稻谷计划并和大家一起分享。

幼儿晒稻谷计划二

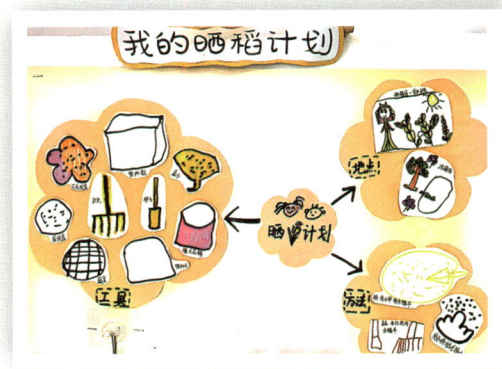
幼儿晒稻谷计划三

5. 晒稻谷

有了计划后，孩子们开始寻找晒稻谷的工具，他们有的在二楼游戏馆找到了爆米花桶，还有的找到了簸箕、纸盘等材料。

找好工具后，孩子们一起到五楼晒水稻。

瑞哲：我先把稻谷放在这个台子和爆米花桶上面晒，再用铲子把稻谷铲开，这样才能晒干。

怡睿、忠琳：这个塑料筐很大，可以晒很多稻谷，我们要把稻谷铺平晒。

焱兴、子墨：我们先把稻谷放在簸箕里面，再用手把稻谷铺开，然后放到有太阳的地方晒。

吴玥：把稻谷放在塑料膜上，还要用手把它推开，这样才能晒干。

俊涵：先把稻谷装进爆米花桶里，再放在石桌上晒，还要用铲子不停地翻稻谷。

雅姝：太阳很大，稻谷放在盒子里面晒，一会儿就晒干了。

筱乐：我用了很多个蛋糕盘来晒，因为每个蛋糕盘不能装太多。

曦月：装在盘子里晒的时候还要铺平。

吴阳：我把稻谷放在木头上晒，要一颗一颗地铺开晒。

佳艺：我是放在蛋糕盘和奶粉桶里晒的。

吴琨：我是放在纸盒里面晒的，还用耙子把稻谷推开了。

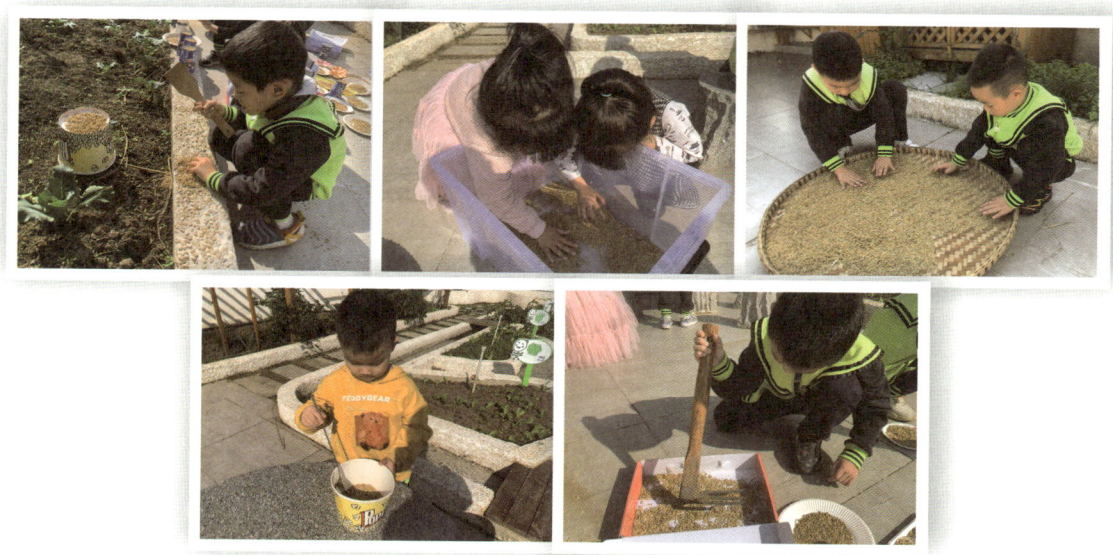

幼儿按照计划用不同的方式晒稻谷

第二阶段 品"稻"

1. 米制品大调查

周末，我们邀请爸爸妈妈和孩子们一起调查哪些食物是米制品。孩子们查找了资料，有的还在家里动手制作，以便周一时班级一起进行分享。

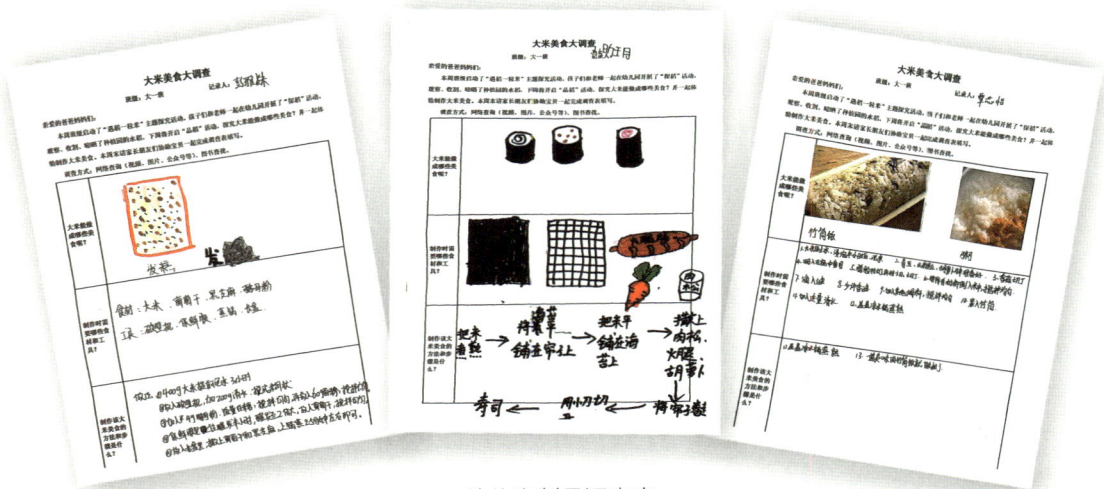

幼儿米制品调查表

晋鹏：我知道米糕是用大米制作的。

昊琨：我知道叶儿粑是用大米做的。

俊涵：我知道竹筒饭是用大米做的。

焱兴：我知道蛋炒饭是用大米做的。

昊玥：我知道爆米花是用大米做的。

雅姝：发糕需要的食材是大米、葡萄干、黑芝麻、酵母粉，工具是破壁机、保鲜膜、蒸锅。

思洋：饭团需要的食材是大米、水果、芝麻。

昕玥：需要的食材是海苔、大米、胡萝卜、火腿肠、肉松，需要的工具是卷帘。

晨兮：米粉需要的食材是大米，工具是打粉机、锅、碗、筷子。

昊琨：叶儿粑需要的食材是大米、白糖，工具是粑叶、蒸笼。

芯怡：竹筒饭需要的食材是大米、青豆、胡萝卜、香菇，工具是蒸锅、竹筒。

佳妍：锅巴需要的食材是大米、鸡蛋、酱油、淀粉，工具是擀面杖、锅。

子墨：制作米糕的步骤是先把大米洗干净泡一晚上，再放入料理机打成米浆，打好后加点酵母、白糖、面粉搅匀，搅到没有干面粉后盖保鲜膜醒发一个小时。发好后放入蒸笼，蒸笼里要刷油，蒸25分钟，蒸好之后用刀切开。

佳艺：制作锅巴的步骤是在米饭里放入两个鸡蛋，加入少许盐搅拌均匀。锅中放少许油，倒入米饭，煎成两面金黄。

筱乐：制作竹筒饭的步骤是将米饭、腊肉、豌豆、盐放在一起搅拌均匀，放在竹筒里面，把竹筒放在火上烤，烤熟就能吃了。

焱兴：制作蛋炒饭的步骤是先将米饭煮熟，鸡蛋在碗中打散，再在锅中放油，放入鸡蛋和米饭，炒几分钟就可以了。

忠琳：制作寿司的步骤是先把米饭煮熟，将海苔平铺在卷帘上，再把米饭铺在海苔上，撒上肉松、火腿肠、胡萝卜，然后用卷帘卷紧，用小刀切开，寿司就制作完成了。

2. 想制作的米制品投票

接着班级进行投票，孩子们一起统计选出想要制作的米制品。

大米美食调查统计表

3. 米制品小组分享

当孩子们对想要制作的米制品完成小组投票后，为了让孩子们制作米制品美食的准备更加充分，我们再次设计了调查表，让孩子们回家调查米制品制作的步骤和方法。

1）寿司

雅姝：先要在竹帘上放海苔，再把米饭铺到海苔上面，然后放火腿肠、黄瓜和沙拉酱，接着把它裹紧，最后切成小块装进盘子里就可以了。

2）米糕

子墨：先要把大米浸泡一晚上，再用搅拌机把大米搅成糊状，然后加入白糖和酵母进行搅拌，接着在盆子四周刷一层油，最后把米糊倒进去蒸15分钟左右就可以出锅了，等它稍微放凉就可以切成小块。

3）锅巴

晋鹏：先把大米煮熟，再加入一颗鸡蛋和一些淀粉，然后把它们搅拌均匀，搓成小圆球后压扁，接着在锅里放油，等油热了就放进去煎，最后煎至两面金黄就可以出锅了。

4）蛋炒饭

言蹊：先把蛋打散，再在锅里放点猪油，然后把蛋倒进锅里炒一会儿，接着把米饭倒进去和鸡蛋一起炒，最后放点盐就做好了。

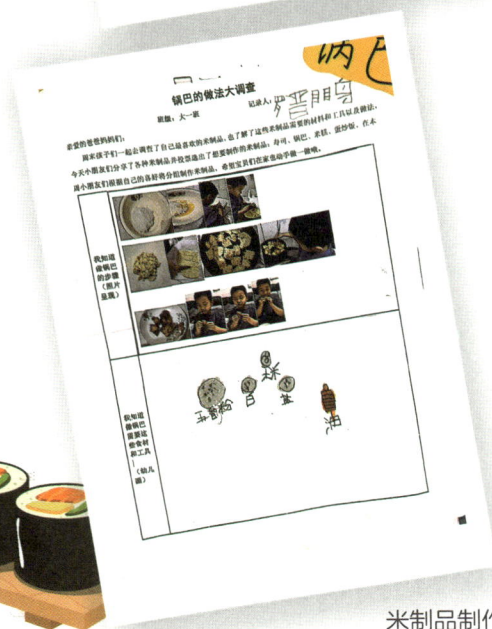

米制品制作方法调查表

4. 米制品大制作

活动当天，孩子们准备好食材，分小组清洗菜品，分工制作锅巴、蛋炒饭、寿司以及米糕。

1）锅巴组

幼儿制作锅巴

2）蛋炒饭组

教师与幼儿一起去楼顶"空中小院"，有序分工，体验收割、清理和清洗小葱。

佳艺：我观察到葱的叶子细细的、尖尖的。

言蹊：小葱的叶子中间是空的。

琨琨：小葱闻起来有一股冲鼻子的味道。

昊月：小葱叶子捏一捏有很多汁。

兴兴：这些叶子好难处理，去掉黄叶子要很长的时间，你们要来帮帮我。

耀耀：切葱的时候我都想流泪了。

姝姝：这个葱好辣眼睛。

昊月：切成一节一节的小葱才可以用来炒饭。

佳艺：切葱太难受了，这个味道好冲呀！

雅姝：我在家和奶奶一起做过蛋炒饭，锅热了以后才倒油，可以把手放在锅的上方试，感觉到热了再倒油。油热以后倒入鸡蛋，将蛋炒成小块小块的，倒入饭再炒，最后加葱和盐就可以了。

月月：我也在家做过，我和妈妈没有加葱，还是很好吃。

兴兴：我自己炒的蛋炒饭好香呀，以前不知道，原来做蛋炒饭这么简单！

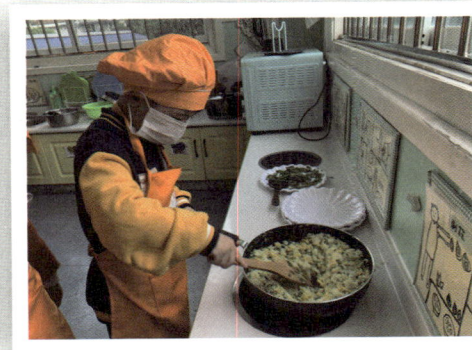

幼儿制作蛋炒饭

3）寿司组

雅姝：我们上学期做过寿司，寿司需要准备我们自己喜欢吃的各种菜。

芯怡：我还记得我们之前是把米饭和海苔铺好了后，要卷一下提一下，然后再卷一下再提一下，这样来做。

俊涵：在切菜的时候需要把菜都切成一条一条的，才好裹起来。

昕玥：我们在放米饭的时候不能把米饭铺得太多，不然卷帘就卷不下了。

柯贝：菜也不能放太多了，一卷全部都要掉出来。

幼儿制作寿司

4）米糕组

子墨：我和妈妈在家里做过米糕，要先将米泡很久，我们泡了一个晚上，第二天才开始做，再用机器将泡好的米打成浆，然后加入一种粉，再等一会儿，最后放进锅里蒸就做好了，特别好吃。

芯怡：哇，感觉有点难！

瑞哲：感觉有点像打豆浆。

昕玥：那需要很多大米吗？还需要其他材料吗？

曦月：嗯，还需要糯米、红枣，我和妈妈在家也做过，加了红枣更好吃。

（1）打米浆。

幼儿打米浆

（2）加酵母。

幼儿加酵母

（3）搅拌酵母和米浆，充分发酵后装入纸杯。

幼儿分装纸杯

（4）蒸米糕。

幼儿蒸米糕

幼儿将制作好的米糕分享给幼儿园老师、其他班级的小朋友。

幼儿将制作好的米糕分享给其他班级的小朋友

5. 制作爆米花

当孩子们对米制品有了更多了解后，我们购买了制作爆米花的机器，让孩子们观察了解爆米花机器的外形、结构、使用方法，由保安人员为孩子们制作爆米花，孩子们深刻感受了大米变成爆米花的过程。

炎兴：我在电影院吃过爆米花，香香甜甜的，吃起来脆脆的。

言蹊：我也在电影院吃过，和我姑姑一起吃的，很大一桶。

晨曦：我在爷爷家里吃过，是那种很大的机器爆出来的，也是香香的。

瑞哲：爆米花机器有点奇怪，两边细，中间有个圆圆的肚子。

云齐：爆米花机器是铁做的吗？摸起来很硬。

雅姝：这个机器我好像在手机上看到过，还要用火才能工作。

制作爆米花

第三阶段 玩"稻"

1. 水稻粘贴画

洛嘉：我想做坦克。

雅姝：我想用稻草做一个漂亮的公主。

芯怡：我想做一座房子。

开耀，我想做一只大恐龙。

瑞哲：我想做一个大大的机器人。

幼儿制作水稻粘贴画

2. 创意稻草人

幼儿制作稻草人

3. 禾下乘凉梦

我们和孩子们一起讨论了长大后的梦想。

洛嘉：我想成为特种兵和坦克兵。

思洋：我想成为一名发明家。

娜娜：我想成为一名医生。

昊阳：我想成为一名考古学家。

开耀：我想成为一名飞行员。

筱乐：我想成为一名蛋糕师。

幼儿畅想长大后的梦想

畅想统计图

4. 一粒米的故事

我们一起了解了一粒米的故事。

雅姝：我们不能浪费粮食，要把碗里的饭全部吃完。

晨兮：我们不能洒饭，吃饭时要把嘴巴靠近碗。

昕玥：粒粒皆辛苦，要把饭全部吃光。

子墨：我们不能掉饭，要光盘行动。

诗瑶：吃多少舀多少，吃完了再去添饭。

孩子们制订了节约粮食的计划并和同伴一起分享。

六、活动反思

遇"稻"一粒米主题活动涵盖水稻的生长、收割及食用的全过程，教师与孩子们一起开展了探究水稻的多样活动。水稻种植、收割、晾晒对于孩子们来说是比较陌生的，他们从来没亲身体验过，但在活动中教师注重亲子调查和实地观察，使孩子们积累了很好的前期经验，对水稻的基本特征进行了基本的了解，通过亲自剥开稻谷的外壳，观察了稻谷的内部特征，既培养了幼儿自我观察的能力，也形成了良好的同伴互动。

首先，注重提供丰富多样的资源。通过几次观察水稻、做水稻生长实验，为孩子观察、比较、探索水稻的生长条件提供了机会，幼儿的学习源于已有经验和探究问题的兴趣。"水稻什么样""水稻长在哪里""水稻里面有什么"等，幼儿的学习也就是在这样不断地提出问题、解决问题的过程中逐渐深入。

其次，注重课程资源的最大化利用，从儿童的全面发展来开发价值。教师请孩子们观察记录水稻生长的过程，通过连续观察、对比观察，判断水稻的生长条件；支持孩子们亲自做计划、用不同器皿种水稻、做观察记录，引导孩子们分工合作晾晒水稻、制作米制品等；在生活区投放稻谷、大米，在科探区开展水稻生长实验，在美工区制作水稻粘贴画、稻草人，在语言区投放水稻绘本等，将主题活动与区域活动结合、与幼儿的日常观察结合，孩子们在科学、健康、语言、社会和艺术等方面都获得了发展。

最后，注重活动中幼儿的自主探究。孩子们对收割水稻工具的几次探究、水稻晾晒活动中孩子们的大胆猜想和验证等，真正契合了幼儿的学习方式——直接感知（每天观察、记录）、实际操作（如水稻实验、晾晒水稻）、亲身体验（制作米制品），孩子们主动运用探究的经验创造性地解决水稻生长和制作米制品中的问题，在活动中充分地进行自主探究、深度学习。

（教师：赵丽君、鄢程林、熊悦琳、罗燕）

第四章　宴席欢腾活动

第一节　春季篇：桃花朵朵开

桃花朵朵开
——"晓春之宴席欢腾"食育活动园级活动设计

一、活动背景

　　天府之国，春来第一花，非龙泉桃花莫属，漫山遍野，桃花胜霞，风景如画，吸引了成千上万的游客来到龙泉驿。龙泉驿是国家级成都经济技术开发区所在地，也被国务院命名为"中国水蜜桃之乡"，是闻名全国的花果山和风景名胜区，素以"四时花不断，八节佳果香"著称。

　　阳春三月，是鲜花季，也是郊游季，教师和孩子们在讨论本次晓春宴席活动主题时，不同班级的孩子不约而同地分享了周末亲子出游去龙泉驿龙泉山赏桃花、品美食的活动。于是，趁着孩子们有兴趣，我们开启了本次"晓春之宴席欢腾"活动。活动以"桃花朵朵开"为主题，我们和孩子们共同创设了桃花美食区、桃花文创展区、桃花妆造区和桃花乐玩区，在好吃、好玩的活动中，让幼儿了解龙泉桃花节的由来及其文化背景。此外，活动中幼儿还可以体验和制作桃花美食、手工作品等，在直接感知、亲身体验和实际操作中完成食育课程目标。

二、活动主题：桃花朵朵开——"晓春之宴席欢腾"食育活动

三、活动目标

（1）了解龙泉桃花节的由来，知道龙泉驿被国务院命名为"中国水蜜桃之乡"，龙泉桃花节是每年3月举办。

（2）了解桃花的外形、结构及特征，知道桃花可以食用，初步了解桃花的不同吃法，如桃花茶、桃花糕、桃花果冻等。

（3）乐意参与各类体验活动，会制作简单的桃花手工艺品，如桃花创意画、桃花折纸、桃花棉签画、桃花拓印等。

四、活动安排

（一）班级活动

各班级自主开展春分教育活动，了解春分的由来及相关习俗，以班级为单位自主发起"这次晓春宴席活动主题是什么""想开展哪些活动项目"等话题讨论，通过调查、分享、投票等方式，确定本次晓春宴席活动主题及具体活动项目。根据各班级幼儿年龄及兴趣分为以下区域：

（1）小班——桃花乐玩区：桃花折纸、桃花吊饰、桃花手工、桃花拓印、桃花印染等。

（2）小班——桃花妆造区：桃花妆、桃花照。

（3）中班——桃花美食区：桃花羹（藕粉、坚果），桃花茶，桃花饼，桃花糕，桃花果冻，桃花奶昔。部分美食提前制作、现场展示一个区域。

（4）大班——桃花文创展区：桃乡来源、桃花相关活动活动、文创产品、赏桃花（手工）。

以班级为单位，班级教师和幼儿一起策划、商量区域位置、布局等，师幼共同创设各区域环境，共同收集各区域材料和工具，活动过程中注意收集幼儿的各类活动照片、绘画或手工作品。

（二）园级活动

活动环节	活动内容
环节一	1. 班级教师组织幼儿到场地排队，集合整队，主持人整队并介绍本次活动。 2. 园长讲话并宣布活动开场。
环节二	1. 领队教师带领各班幼儿跳集体热身舞蹈《桃花朵朵开》。 2. 各班级派幼儿代表3～5名，展示各班级制作的桃花美食、桃花手工艺品、桃花妆造等。 3. 播放入场音乐，大中小班依次走红毯入场，入场后以升旗队形站位。

续表

活动环节	活动内容
环节三	分区域幼儿自由体验各项活动。 注意各区域教师站位及分工。
环节四	1. 教师分批次带领幼儿回班级清洁整理，为进餐做准备。 2. 教师及家长代表带领部分幼儿收拾整理物品。

五、活动准备

准备类别	准备内容
服装	1. 幼儿有汉服穿汉服，无汉服穿秋季礼仪园服，教师有汉服穿汉服，无汉服穿秋季礼仪园服。 2. 各班级美食区家长戴口罩、手套。 3. 参与美食烹饪的家长系蓝色围裙、戴袖套。 4. 参与美食烹饪的幼儿系橘色围裙、戴袖套。
环境	1. 班级各区域环境：展板、区域材料。 2. 各区域布局。
场地分区	1. 桃花文创展区。 2. 桃花妆造区。 3. 桃花乐玩区。 4. 桃花美食区。
经验准备	1. 幼儿经验准备：各班级前期开展谈话，认识桃花、制作桃花手工艺品和美食，如桃花吹画、棉签画、桃花饼等。各班承办区域幼儿会使用各区域材料，能够当小老师带领其他幼儿开展体验活动。 2. 家长经验准备：熟悉各班级承办区域材料以及相应的制作体验方法。 3. 教师经验准备：熟悉活动方案，做好班级教师及家长代表分工。
音乐	1. 入场音乐（欢快轻音乐）。 2. 热身音乐《桃花朵朵开》。 3. 体验制作环节音乐（欢快轻音乐）。

桃花朵朵开
——"晓春之宴席欢腾"食育活动小班组活动设计

一、活动区域简介

1.区域简介

桃花乐玩区分为颜料区、黏土区和纸区，幼儿可以自由选区进行体验制作，同时区域中还设置了备用材料区，缺乏材料时，幼儿可以自由取用。

2.活动网络图

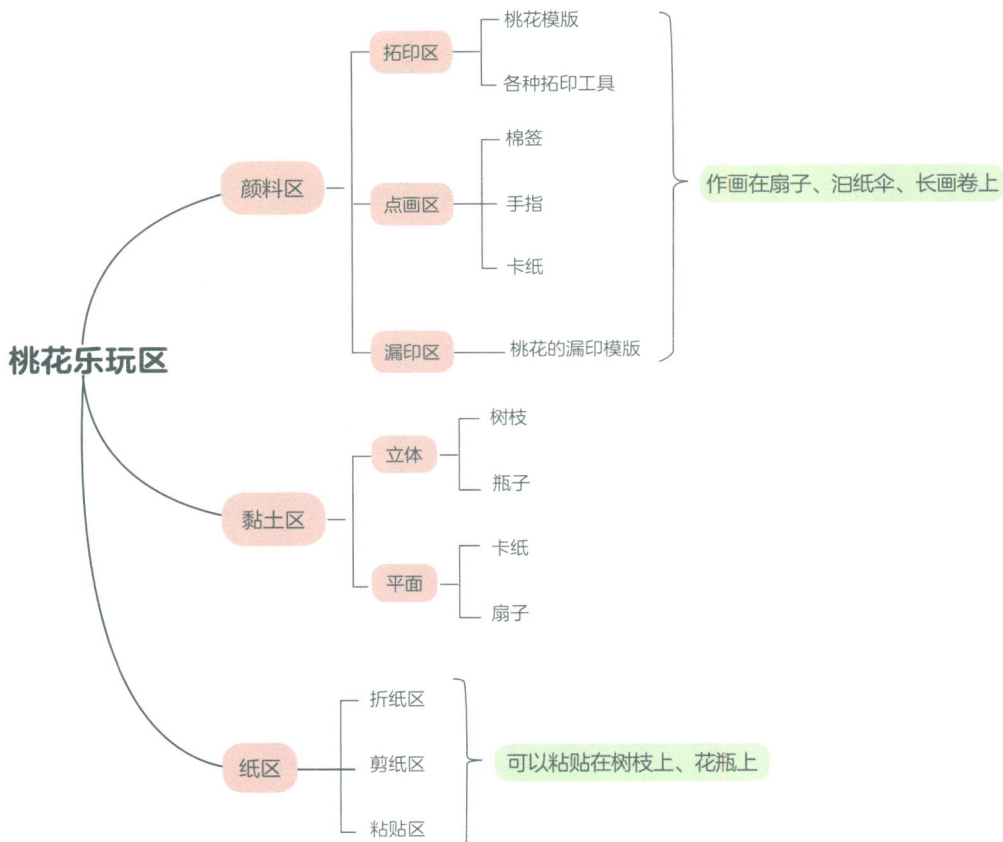

二、人员分工

区域	人员	职责
颜料区、黏土区、纸区	分别有两名大班幼儿、两名家长、一名教师	1. 幼儿先穿好罩衣，再选择到相应区域的桌面进行体验制作，操作过程中垃圾投入准备的垃圾筐，作品可以展示在展示架上。 2. 大班幼儿协助小班幼儿在桃花乐玩区体验制作。 3. 家长和教师在一旁协助和指导幼儿操作，其中一名家长负责拍照，一名教师负责流动指导。

三、环境创设图片

（一）整体布局

活动区域

（二）区域布局

颜料区

黏土区

纸区

备用材料区

桃花朵朵开
——"晓春之宴席欢腾"食育活动中班组活动设计

一、活动区域简介

（一）区域简介

本次桃花美食区分为"美食领取区""操作体验区""品尝区""展示区"4 个区域，"美食领取区"幼儿领取美食，品尝美食；"操作体验区"，供幼儿自主操作体验做美食；"品尝区"，供幼儿品尝美食、休息；"展示区"，供幼儿欣赏六大桃花美食，其中六大桃花美食为"桃花酥""桃花糕""桃花羹""桃花茶""桃花奶昔""桃花果冻"。

（二）活动网络图

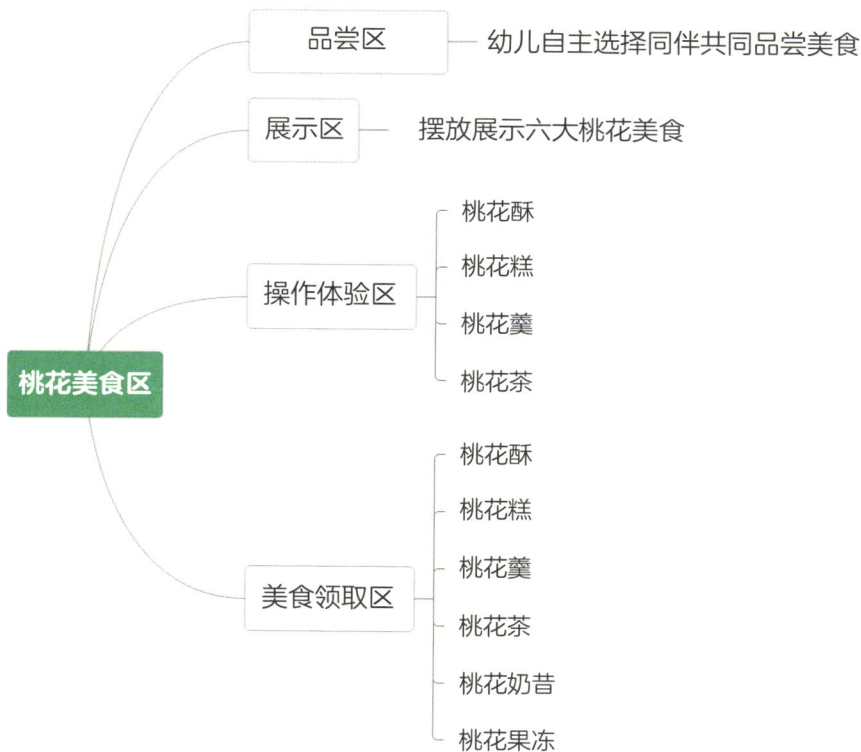

```
                    ┌──────────┐
              ┌─────┤   品尝区   ├──── 幼儿自主选择同伴共同品尝美食
              │     └──────────┘
              │     ┌──────────┐
              ├─────┤   展示区   ├──── 摆放展示六大桃花美食
              │     └──────────┘
              │                         ┌─ 桃花酥
              │     ┌──────────┐        ├─ 桃花糕
              ├─────┤  操作体验区 ├──────┤
┌──────────┐  │     └──────────┘        ├─ 桃花羹
│ 桃花美食区 ├──┤                         └─ 桃花茶
└──────────┘  │
              │                         ┌─ 桃花酥
              │                         ├─ 桃花糕
              │     ┌──────────┐        ├─ 桃花羹
              └─────┤  美食领取区 ├──────┤
                    └──────────┘        ├─ 桃花茶
                                        ├─ 桃花奶昔
                                        └─ 桃花果冻
```

二、人员分工

区域及桃花美食		人员	职责
展示区		一名教师	引导幼儿观赏展示区美食，不随意拿取展示区物品。
桃花酥	美食领取区	一名教师，两名大班幼儿	负责幼儿排队，引导幼儿领取食物。
	操作体验区	两名家长	1. 负责把桃花酥装入花型蛋糕杯里，随时调整食物的摆放。 2. 食物不够时，及时联系制作的家长补充食物。 3. 辅助幼儿体验，关注幼儿操作规则与操作习惯。
桃花羹、桃花果冻	美食领取区	一名教师，一名家长，四名大班幼儿	负责幼儿排队，引导幼儿领取食物。
	操作体验区	一名教师	1. 负责把桃花羹、桃花果冻装入相应的杯里，随时调整食物的摆放。 2. 食物不够时，及时联系制作的家长补充食物。
		一名教师，一名家长	辅助幼儿体验，关注幼儿操作规则与操作习惯。
桃花糕	美食领取区	一名教师，两名大班幼儿	负责幼儿排队，引导幼儿领取食物。
	操作体验区	一名家长	1. 负责把桃花糕装入花型蛋糕杯里，随时调整食物的摆放。 2. 食物不够时，及时联系制作的家长补充食物。
		两名家长	辅助幼儿体验，关注幼儿操作规则与操作习惯。
桃花奶昔、桃花茶	美食领取区	两名家长，四名大班幼儿	负责幼儿排队，引导幼儿领取食物。
	操作体验区	一名家长	1. 负责把桃花奶昔、桃花茶装入相应的杯里。 2. 食物不够时，及时联系制作的家长补充食物。
品尝区		一名家长	引导幼儿正确进餐，关注进餐礼仪。

注意：
1. 奶昔、茶类、羹类食品装杯时要少量，以免洒出。
2. 领取餐食时需排队。
3. 将产生的垃圾丢到统一的垃圾桶里。

三、环境创设图片

（一）整体布局

区域整体环境

（二）区域布局

参观展示

美食展板

材料摆放

四、材料准备

食物品名	食材	器具
桃花羹	藕粉、桃花瓣	塑料碗、勺子、冷水壶、热水壶
桃花果冻	果冻粉、糖浆、薄荷叶、桃花瓣、冰块	杯子、热水壶、勺子、雪克壶
桃花糕	桃花瓣、纯牛奶、冰糖、藕粉、冰皮、食盐	料理机、锅、盆、模具盒、勺子
桃花奶昔	水果、酸奶、桃花瓣	破壁机、小刀、塑料杯、菜板
桃花茶	桃花瓣	塑料杯、锅
桃花酥	酥皮、豆沙馅、鸡蛋、黑芝麻	菜板、小刀、油刷、擀面杖、烤箱

五、美食做法

（一）桃花羹

第一步：将藕粉盛到容器里面。

第二步：加入少量冷水将藕粉调散。

第三步：加入刚烧开的开水，边搅拌边倒水。

第四步：在藕粉上撒上桃花瓣即可。

（二）桃花奶昔

第一步：将水果切成块状。

第二步：将水果和酸奶倒入破壁机中进行搅拌。

第三步：将奶昔倒入容器中，撒上桃花瓣即可。

（三）桃花酥

第一步：将原料分成小份酥皮。

第二步：将豆沙馅放到酥皮里面。

第三步：揉成圆团后切成桃花状，并涂上蛋液。

第四步：放入烤箱。

第五步：出炉后撒上黑芝麻，装盒即可。

（四）桃花果冻

第一步：将桃花果冻粉倒入杯中，加热水搅拌均匀。

第二步：搅拌好后倒入雪克壶，加入冰块急冻。

第三步：倒入糖浆，再倒入直饮水。

第四步：摇动雪克壶至原料混合均匀。

第五步：倒入杯中至凝固，放上薄荷叶与桃花瓣即可。

（五）桃花茶

第一步：将桃花瓣清洗干净。

第二步：将水煮开，放入桃花瓣即可。

（六）桃花糕

第一步：把桃花瓣用淡盐水浸泡 10 分钟，清洗干净后捞出。

第二步：把桃花瓣和纯牛奶一起放入料理机中，搅打成桃花奶。

第三步：将冰糖用料理机打成粉，没有冰糖也可以用等量的白糖代替，取适量的冰糖粉加入桃花奶中，充分搅拌均匀，加入藕粉充分融合。

第四步：用小火煮至浓稠，煮的过程中要快速不断地搅拌，以防止糊锅，而且一定要全程小火，直到浓稠顺滑。

第五步：稍微放凉后包入冰皮装盒即可。

桃花朵朵开

——"晓春之宴席欢腾"食育活动大班组活动设计

一、活动区域简介

（一）区域简介

区域名称为桃花文创展区。该区域主要结合龙泉驿是水蜜桃之乡的文化背景，龙泉山桃花被众人观赏的实际，介绍龙泉桃花节等。孩子们从身边开始寻找桃花，将自己观赏过桃花的地方记录下来，在分享中形成桃花观赏地图。除了观赏，桃花还有很多用处，本区域主要涉及文化墙及文创展品区，用桃花的元素创设了桃花源的景象。

（二）活动网络图

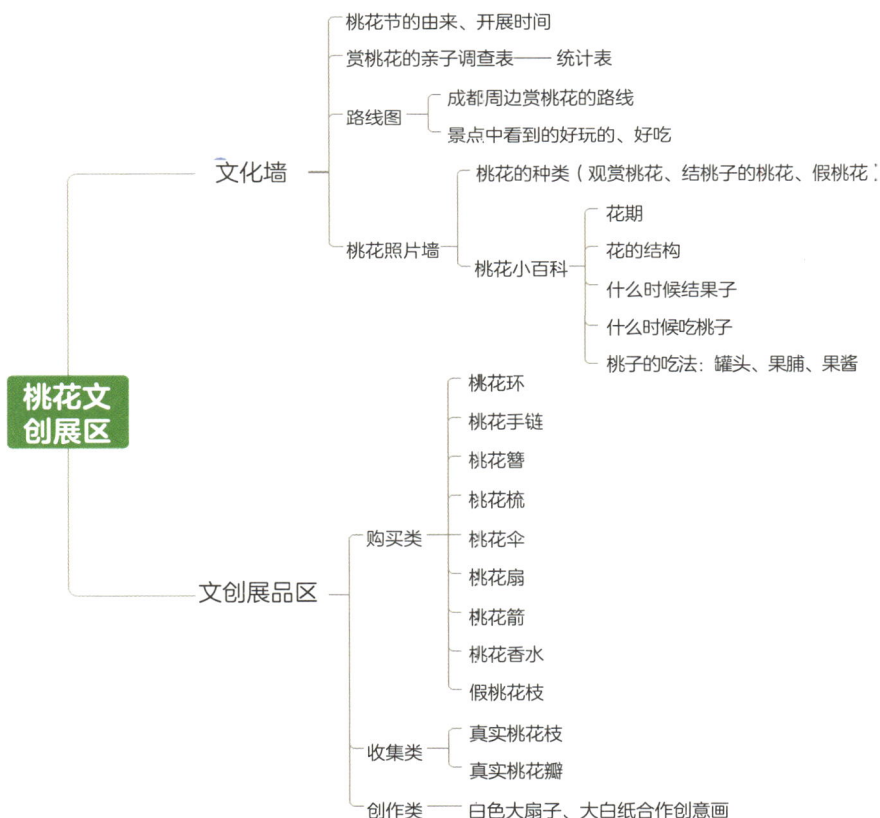

二、人员分工

区域	人员	职责
桃花文创展区	一名教师，两名大班幼儿	向同伴介绍文创展区的文化创设故事，引导同伴文明观赏，听从解说员指挥；一名幼儿主要负责文化墙的介绍；一名幼儿负责文创展品的介绍，工作人员相互配合，共同协商。教师协助解说员解说，引导区域幼儿文明、有序参观，营造良好的观赏环境和氛围。

三、环境创设图片

整体环境

文化墙

第二节 夏季篇：浓情端午，"粽"享童趣

浓情端午，"粽"享童趣
——"映夏之宴席欢腾"食育活动园级活动设计

一、活动背景

农历五月初五端午节是我国传统节日，也是最富有文化气息的中国传统节日之一。我们会在这一天包粽子、编五彩绳、挂艾草、做香包、赛龙舟……一起感受节日的氛围，用这样的方式"避五毒"，驱邪禳灾。和其他节日里的互道"节日快乐"不同，这一天，我们会祝福对方"端午安康"。

临近端午节，教师和幼儿讨论端午节的相关习俗，并收集了幼儿计划如何度过端午节的想法。汇总不同年龄段班级幼儿的想法后，发现幼儿对端午节的由来以及对包粽子、制作咸鸭蛋、编五彩绳、制作香包、划龙舟表现出浓烈的兴趣。基于幼儿对于端午节相关习俗浓厚的兴趣，我们开启了本次"映夏之宴席欢腾"活动。活动以"浓情端午，'粽'享童趣"为主题，主要围绕传统节日端午节相关习俗活动展开。活动中我们与幼儿一同讨论，最终一同创设出香包DIY区、五彩绳区、粽子制作区、咸鸭蛋制作区、端午文化展示区、彩蛋DIY区六个区域，让幼儿更好地了解端午节的习俗，感受端午节丰富的文化内涵，在体验和操作中感受我国传统节日的习俗和体验节日背后浓厚的食育文化。

二、活动主题：浓情端午，"粽"享童趣——"映夏之宴席欢腾"食育活动

三、活动目标

（1）知道端午节是我国传统节日之一，初步了解端午节来历及风俗，如包粽子、编五彩绳、挂艾草、做香包、赛龙舟等。

（2）喜欢和大家一起共度端午节，积极参与端午节各类体验活动，感受节日的快乐。

四、活动安排

（一）班级活动

组织开展多种形式活动，与幼儿一同了解端午节的由来及相关习俗，以班级为单位讨论此次宴席活动的区域设置和活动内容，并根据班级幼儿兴趣自主选择区域进行布置创设，分区如下：

小班：香包 DIY 区、彩蛋 DIY 区。

中班：粽子制作区、咸鸭蛋制作区、五彩绳区。

大班：端午文化展示区。

活动过程中，班级教师和幼儿一起策划、商量区域位置、布局等，师幼共同创设各区域环境，共同收集各区域材料和工具，过程中注意收集幼儿的各类活动照片、绘画或手工作品。

（二）园级活动

活动环节	活动内容
环节一	1. 班级教师组织幼儿到操场排队走红毯入场，大中小班幼儿依次入场，入场后按照各班升旗仪式位置站队。 2. 园长讲话并宣布活动开场。
环节二	食材展示。各班一名穿汉服幼儿走红毯将食材（粽叶、咸鸭蛋、香包、艾草、菖蒲）带入场，两人一组上舞台展示，同时主持人介绍相应的材料名称、特点、作用和营养价值。
环节三	园长活动致辞。
环节四	美食能量团家长及各班幼儿代表分别介绍班级活动区域，包含区域名称、制作方法或步骤等内容。
环节五	分区域幼儿自由体验制作。 注意各区域教师站位及分工，鼓励家长在场协助幼儿活动。
环节六	1. 教师分批次带领幼儿回班级清洁整理，为进餐做准备。 2. 教师及家长代表带领部分幼儿收拾整理物品。

五、活动准备

准备类别	准备内容
服装	1. 幼儿有汉服穿汉服，无汉服穿蓝色夏季园服，教师穿夏季园服。 2. 操作体验环节：工作幼儿穿戴橘色帽子、围裙，美食能量团家长穿戴蓝色帽子、围裙。
环境	园级环境：大型气球拱形门一个，8组小型气球，旗台展示背景内容。 班级各区域环境：KT板背景墙、区域标识牌、牛皮纸、桌椅。
材料	食材：粽叶（常规粽叶、客家粽粽叶、新鲜玉米叶）、粽子馅（糯米、红豆馅、鲜肉馅）、鸭蛋、五香粉、盐、白酒等。 品尝区：煮熟的咸鸭蛋、煮熟的粽子若干。 操作工具：一次性手套、圆盘、大托盘。具体如下： 1. 粽子制作区：每张桌子3个馅碗，共计碗36个、小勺36个、一次性塑料桌布12张、白塑料盘36个。 2. 咸鸭蛋制作区：塑料盒、塑料盘、白酒、鸭蛋、坛子、保鲜膜、五香粉、盐。 3. 香包DIY区：香包袋、香料（茉莉花、艾草、薄荷叶）、折纸、花瓶、树枝、剪刀、勺子。 4. 五彩绳区：彩绳、绸带、串珠、小铃铛、剪刀、展示架。 5. 彩蛋DIY区：各种大小型号的仿真蛋、水彩笔、黏土、贴纸、蜡笔、花瓶、盘子、架子、夹子、竹编篮。

准备类别	准备内容
场地	各班教师提前一天下午将班级桌椅抬到操场，按布局图摆放。
经验准备	1. 幼儿经验准备：各班级教师根据班级认领区域，协助班级幼儿完成该区域经验准备。 2. 美食能量团家长经验准备：结合到各班级认领区域，班级美食能量团家长提前了解该区域材料制作方法及示范讲解稿。 3. 教师经验准备：提前认领本班级活动材料制作方法、熟悉活动方案，做好班级教师及家长代表分工。
音乐	1. 入场音乐（欢快轻音乐）。 2. 幼儿展示食材环节（古典音乐、轻音乐）。 3. 家长展示环节（古典音乐、轻音乐）。 4. 幼儿制作环节（欢快轻音乐）。 5. 汉服礼仪展示环节（古典音乐、轻音乐）。 6. 进餐音乐。
分工内容	1. 活动方案。 5. 活动拍照。 2. 活动主持。 6. 活动摄像。 3. 音乐、音响。 7. 应急处理。 4. 环境创设。 8. 材料准备。

浓情端午，"粽"享童趣
——"映夏之宴席欢腾"食育活动小班组活动设计

一、活动区域简介

（一）区域简介

本区域根据幼儿兴趣主要围绕端午节相关习俗设置的体验操作区分为彩蛋 DIY 区、香包 DIY 区。其中，彩蛋 DIY 区中投放了黏土、蜡笔、水彩笔、贴纸等多种材料供幼儿绘制和装饰彩蛋，香包 DIY 区投放了各种香料让幼儿了解认识，并可按照自己的喜好装进香包，同时还投放了各种手工制作香包材料，让幼儿在操作中了解端午节的相关习俗。

（二）活动网络图

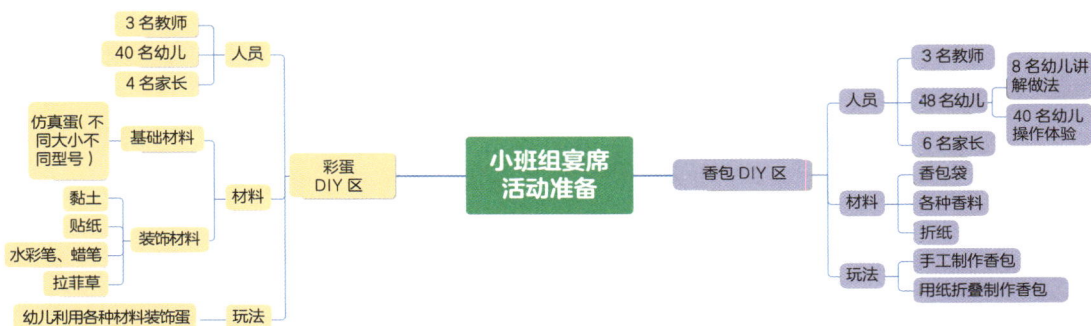

二、人员分工

区域	人员	职责
香包 DIY 区	4 名家长	1. 提前熟悉负责区域的操作步骤，了解活动当天的安排和分工。 2. 2 名家长协助班级教师准备区域材料。 3. 2 名家长负责引导幼儿操作体验，负责拍照（如果桌面材料不足，及时添补）。

区域	人员	职责
香包 DIY 区	3 名教师	1. 一名教师统筹安排活动准备情况（墙面环境、展区香包、活动区材料），及时安排老师和家长准备材料；负责组织幼儿入场；负责班级幼儿的活动照片收集；负责活动前家长志愿者和美食能量团家长的协调和分工；负责活动当天所有区域体验幼儿、工作幼儿的指导和引导。 2. 一名教师组织班级幼儿香包制作和挂香包的活动；负责幼儿香包制作、幼儿活动的视频剪辑；负责活动当天黏土和福袋香包区共 5 张桌子的整体安排和监管。 3. 一名教师制作主题墙面环境，贴牛皮纸、划 KT 板，准备制作材料（刀、剪刀、笔、纸等）；收集香包展区的树枝和瓶子；固定和装扮活动区环境，摆放和调整区域；负责活动当天折纸和艾草香包区共 5 张桌子的整体安排和监管。
	40 名幼儿	1. 根据每种香包制作的方法进行创作。 2. 材料轻拿轻放。 3. 制作香包时遇到问题向区域的家长、小朋友询问。
彩蛋 DIY 区	3 名家长	1. 美食能量团家长两名向全园幼儿介绍彩蛋 DIY 区。 2. 家长志愿者 4 名，每名家长负责两张桌子的监管，协助工作幼儿向他人讲解与示范做法。
	3 名教师	1. 一名教师：统筹班级活动人员分工、材料准备等。 2. 一名教师：负责联系参与活动的家长，并告知活动内容与要求。 3. 一名教师：负责准备活动当天所需要的材料，进行区域布局。
	48 名幼儿	体验区：8 名幼儿给体验的小朋友讲解做法。 操作区：40 名幼儿选择想要制作的彩蛋，并进行体验制作。

三、环境创设图片

（一）墙面环境

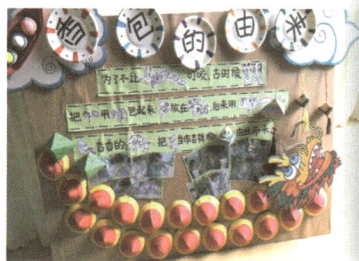

香包的由来

一起做香包

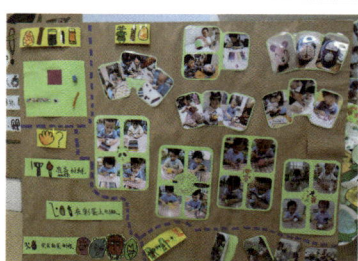

制作流程

（二）展示牌

香包 DIY

香包展示角

香包手工展

（三）区域布局

区域布局

（四）材料摆放

材料摆放

四、材料准备

区域	材料及工具
香包 DIY 区	香包袋、香料（茉莉花、艾草、薄荷叶）、折纸、花瓶、树枝、剪刀、勺子
彩蛋 DIY 区	各种大小型号的仿真蛋、水彩笔、黏土、贴纸、蜡笔、花瓶、盘子、架子、夹子、竹编篮

浓情端午，"粽"享童趣

——"映夏之宴席欢腾"食育活动中班组活动设计

一、活动区域简介

（一）区域简介

中班幼儿动手操作能力较强，因此幼儿根据兴趣自主选择了包粽子、制作咸鸭蛋、编织漂亮的五彩绳。确定选区后，幼儿回家和家人一起收集各种粽叶、彩绳和鸭蛋并携带入园布置形成了粽子制作区、咸鸭蛋制作区、五彩绳区，以供幼儿体验制作。

（二）活动网络图

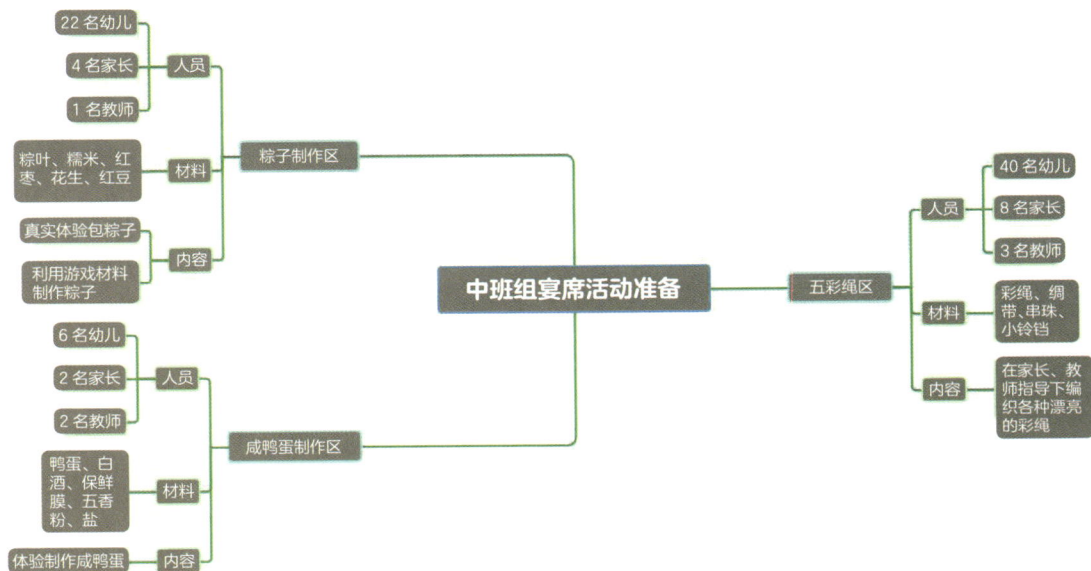

二、人员分工

区域	人员	职责
粽子制作区	22 名幼儿	6 名幼儿体验区： 1. 系围裙。 2. 保持桌面物品整洁。 3. 提醒体验成员操作前洗手，注意卫生。 4. 将制作好的粽子放于展台。
		6 名幼儿品尝区： 1. 提醒体验人员使用牙签取食物，用过的牙签丢垃圾桶。 2. 提醒体验人员食物残渣丢垃圾桶。 3. 及时增补展台上的品尝食物。
		10 名幼儿食物制作区： 1. 操作前清洗双手。 2. 爱惜材料，保持桌面、地面整洁。 3. 不浪费食物。 4. 制作好的食物放于展台。
	4 名家长	1. 介绍区域食材及体验内容。 2. 拍摄照片及视频。 3. 指导小组幼儿操作体验。
	1 名教师	1. 把控现场班级活动，保证每张操作桌有序体验。 2. 引导幼儿操作游戏，重点指导粽子制作区。
咸鸭蛋制作区	6 名幼儿	1. 系围裙。 2. 保持桌面物品整洁。 3. 提醒体验成员操作前洗手，注意卫生。 4. 制作好的咸鸭蛋放于展台。
	2 名家长	1. 介绍区域食材及体验内容。 2. 拍摄照片及视频。 3. 指导小组幼儿操作体验。
	2 名教师	1. 一名教师：整体把控活动，保证每张操作桌有序体验；根据现场活动实际情况，及时协调家长、教师的分工。 2. 一名教师：重点指导鸭蛋制作区；灵活协调家长。

区域	人员	职责
五彩绳区	40 名幼儿	1. 根据自己的意愿进行五彩绳的编织（两股辫或三股辫）。 2. 按照需求取放五彩绳的操作材料。 3. 在编织五彩绳的过程中，遇到问题可以向本区域的家长或教师寻求帮助。
	8 名家长	1. 每组一名家长负责为幼儿介绍五彩绳的编织方法。 2. 整理本区域的材料和桌面。 3. 一名家长负责整个活动班级幼儿的照片拍摄、视频录制。
	3 名教师	一名教师： 1. 统筹安排活动前的准备工作（墙面装饰、展区五彩绳、活动区域材料摆放、幼儿代表发言、家长代表讲解五彩绳编织）。 2. 提前在网上购买五彩绳编织材料及确定购买数量。 一名教师： 1. 收集班级关于五彩绳活动的照片，和班级教师讨论人员安排和注意事项。 2. 挂五彩绳、戴五彩绳，带幼儿去展区了解本次活动的分区。 3. 讲解活动的规则，一人两张体验券，一张指定区域券，一张全场通用券。 一名教师： 1. 进行展板的装饰，划 KT 板、贴牛皮纸，准备制作材料（五彩绳线、白色盘子、装饰盒）。 2. 摆放桌子，摆放材料，区域布置。

三、环境创设图片

（一）墙面环境

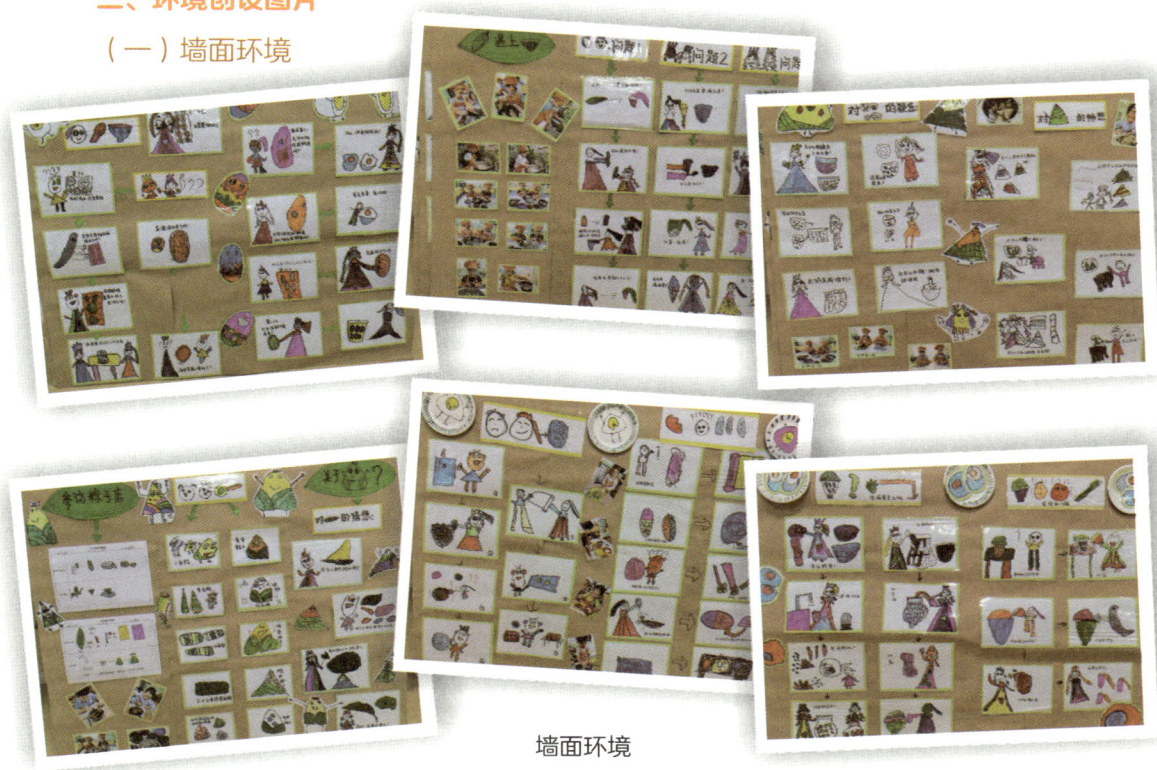

墙面环境

（二）展示牌

展示牌

（三）材料摆放

材料摆放

四、材料准备

区域	材料及工具
粽子制作区	粽叶、糯米、红枣、花生、红豆、勺子、盘子、绳子
咸鸭蛋制作区	鸭蛋、白酒、保鲜膜、五香粉、盐、一次性手套、坛子
五彩绳区	彩绳、绸带、串珠、小铃铛、剪刀、展示架

浓情端午，"粽"享童趣
——"映夏之宴席欢腾"食育活动大班组活动设计

一、活动区域简介

（一）区域简介

端午文化展示区主要以展板的形式展示端午节的由来及相关习俗、粽子的演变过程，在各个展板区内还有一位幼儿进行讲解，并利用展柜展示了端午节的相关制品及食材，如咸鸭蛋、各种粽叶、五彩绳、香包等，同时还在区域中设置了划龙舟体验区，让幼儿可以一边听端午节故事，一边模拟体验划龙舟，深切感受端午节的习俗。

（二）活动网络图

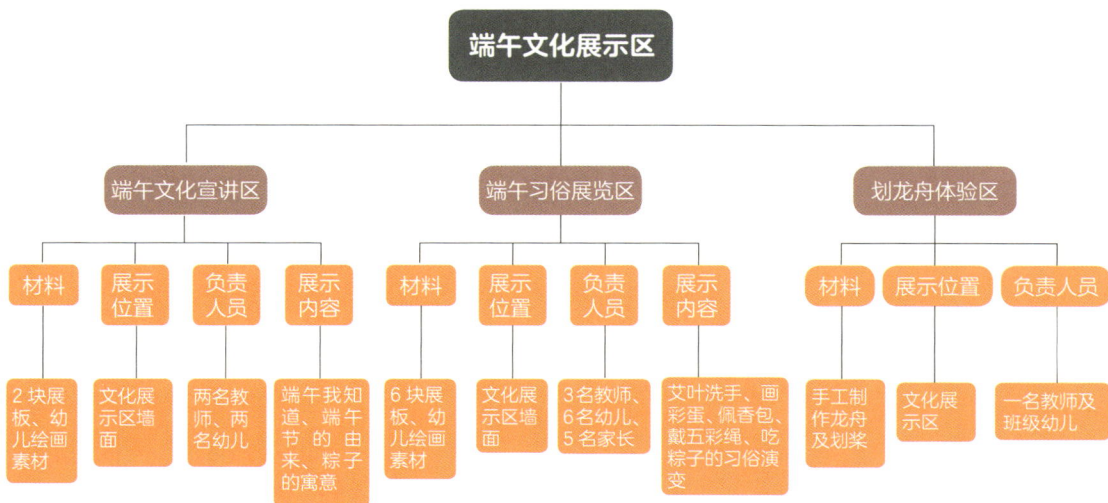

二、人员分工

区域	人员	职责
端午文化宣讲区	两名教师	1. 一名教师与幼儿一同以问题"关于端午节我的问题有什么"进行探索，与幼儿一同调查端午节的相关习俗，了解端午节的好吃的和好玩的，并将幼儿的经验和探索过程进行整理，规划展板内容。 2. 一名教师协助呈现端午文化展板内容，并为负责宣讲幼儿铺垫宣讲经验，帮助幼儿梳理和记忆讲解内容。
	两名幼儿	1. 幼儿佩戴便携式扩音器于展板前讲解端午节相关文化。 2. 两名幼儿轮流进行讲解，也可以互相补充。
端午习俗展览区	3名教师	1. 一名教师负责准备大小适中的展板5块，大的展板1块。 2. 一名教师组织幼儿讨论端午节相关习俗，并收集幼儿绘画表征作品，与年级组教师共同完成展板制作。 3. 一名教师负责上台展示食材的幼儿和家长的台词和流程讨论。 4. 负责活动前家长志愿者和美食能量团家长的协调和分工。 5. 教师现场灵活拍照和录像。
	6名幼儿 5名家长	1. 一名家长和一名幼儿组成一对上台展示各种端午食材，幼儿和家长共同介绍食材。 2. 一名幼儿佩戴便携式扩音器于展板前讲解端午习俗的演变过程。
划龙舟体验区	一名教师	一名教师与幼儿一同将制作完成的龙舟模型摆放在区域中，引导幼儿体验划龙舟游戏。

三、环境创设图片

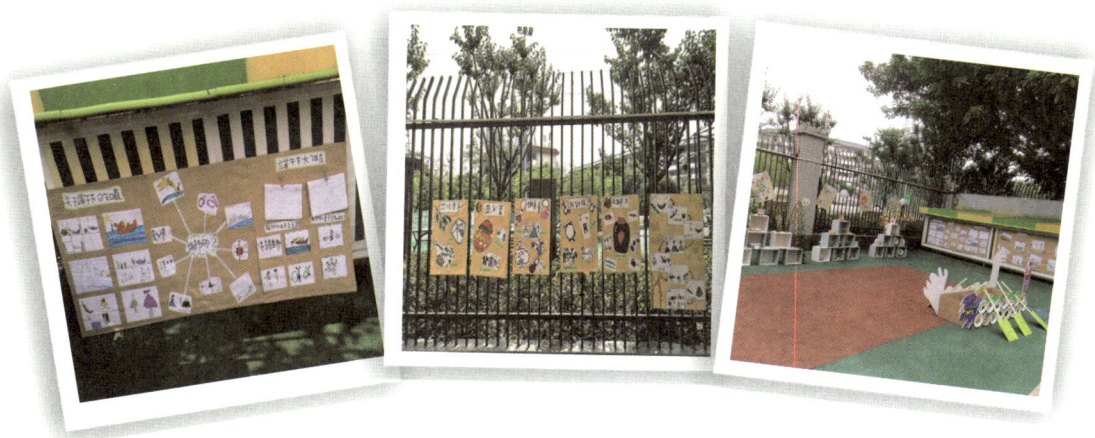

四、材料准备

区域	材料及工具
端午文化宣讲区	展板、幼儿绘画作品、便携式扩音器
端午习俗展览区	雄黄酒、艾草叶、咸鸭蛋、香包、五彩绳、粽叶、粽子、展示柜、支架
划龙舟体验区	自制龙舟模型、音响

第三节　秋季篇：圆圆月饼甜，浓浓中秋情

圆圆月饼甜，浓浓中秋情
—— "荟秋之宴席欢腾" 食育活动园级活动设计

一、活动背景

在这桂花飘香的季节里，我园迎来了一年一度的中秋佳节。中秋节，又称 "八月节"，是我国仅次于春节的第二大传统节日，也是象征团圆的日子。2023 年的中秋，我园开展了 "圆圆月饼甜，浓浓中秋情 —— '荟秋之宴席欢腾' 食育活动"，我们和孩子们一起聆听和演绎节日的传说故事，品味中秋节的美食味道，感受传统节日的文化氛围，月亮、嫦娥、玉兔、月饼，孩子们用自己的方式理解了中秋元素，记住了属于我们的中秋节。

二、活动主题：圆圆月饼甜，浓浓中秋情 ——"荟秋之宴席欢腾"食育活动

三、活动目标

（1）知道中秋节是我国传统节日之一，初步了解中秋节来历及风俗，知道中秋节是我国传统的团圆节。

（2）积极参与中秋节各类体验活动，通过做灯笼、赏桂花、喝花茶、做月饼、品月饼等体验活动，体验传统节日的快乐，感受我国传统文化习俗。

四、活动安排

（一）班级活动

各班级自主开展中秋节教育活动，了解中秋节的由来及相关习俗，以班级为单位自主发起"中秋是什么""中秋宴席你想吃什么""中秋宴席你想玩什么"等话题，通过调查、分享、投票等方式，征集班级想参与的项目，自主征集家长代表，在活动现场制作中秋宴席菜品、组织中秋传统游戏、指导中秋手工制作等。根据各班级幼儿兴趣分为以下区域：

小班——文化区、手工区。

中班——美食区、手工区。

大班——美食区、文化区。

以班级为单位，班级教师和幼儿一起策划、商量区域位置、布局等，师幼共同创设各区域环境，共同收集各区域材料和工具，活动过程中注意收集幼儿的各类活动照片、绘画或手工作品。

（二）园级活动

班级自主选定区域如下：

小一班	射箭、投壶，做月饼，制作玉兔、荷花灯、玉兔赏月、桂花树
小二班	月饼涂颜色、粘贴
中一班	制作月饼、桂花茶
中二班	做兔子面具、兔子折纸
大一班	做灯笼、花灯，挂灯笼、放花灯、制作桂花茶
大二班	猜字谜、表演诗会

五、活动准备

准备类别	准备内容
服装	1. 幼儿有汉服穿汉服，无汉服穿秋季礼仪园服，教师有汉服穿汉服，无汉服穿秋季园服。 2. 各班级美食区家长戴口罩、手套。 3. 参与美食烹饪的家长系蓝色围裙、戴袖套。 4. 参与美食烹饪的幼儿系橘色围裙、戴袖套。
环境	中秋诗会舞台、荷花灯场景、班级美食区及文化区布置。
场地分区	班级：1. 提前一天各班教师将班级桌椅搬至文化区、手工区、美食区进行布置； 2. 各班级在午休室和公共区域分别创设品尝休息区，大班组在大厅品尝，中班组在生活体验馆品尝，小班组在功能室品尝。 园级：二楼生活体验馆创设射箭区；1号场地创设投壶区。
经验准备	1. 幼儿经验准备：各班级根据班级自选区域，师幼共构环境以及经验准备；幼儿提前学习儿歌、手工制品、猜谜卡、美食制作方法等。 2. 美食能量团家长经验准备：结合各班级认领区域，班级美食能量团家长提前了解该区域材料制作方法及讲解内容。 3. 教师经验准备：根据自选活动内容准备活动材料、课件，熟悉活动方案，制定活动教案，做好班级教师及家长代表分工。
音乐	1. 暖场环节（欢快轻音乐）； 2. 幼儿制作环节（欢快轻音乐）； 3. 幼儿展示环节（欢快轻音乐）； 4. 进餐环节（轻音乐）。
分工内容	1. 活动方案。　　4. 环境创设。　　7. 应急处理。 2. 活动主持。　　5. 活动拍照。　　8. 材料准备。 3. 音乐、音响。　6. 活动摄像。　　9. 活动宣传。

圆圆月饼甜，浓浓中秋情

——"荟秋之宴席欢腾"食育活动班级活动设计

一、活动区域简介

（一）区域简介

本次"荟秋之宴席欢腾"活动分为五大区域，即"操作体验区"，供幼儿自主操作，体验做美食，包含"月饼""桂花茶"两大美食；"文化体验区"，供幼儿感知体验中秋节的传统文化，包括"歌曲""童谣""古诗""猜字谜"四大文化体验"品尝区"，供幼儿品尝美食、休息；"手工区"，供幼儿制作荷花灯、玉兔等手工制品；"传统游戏区"，供幼儿体验射箭、投壶等传统游戏。

（二）活动网络图

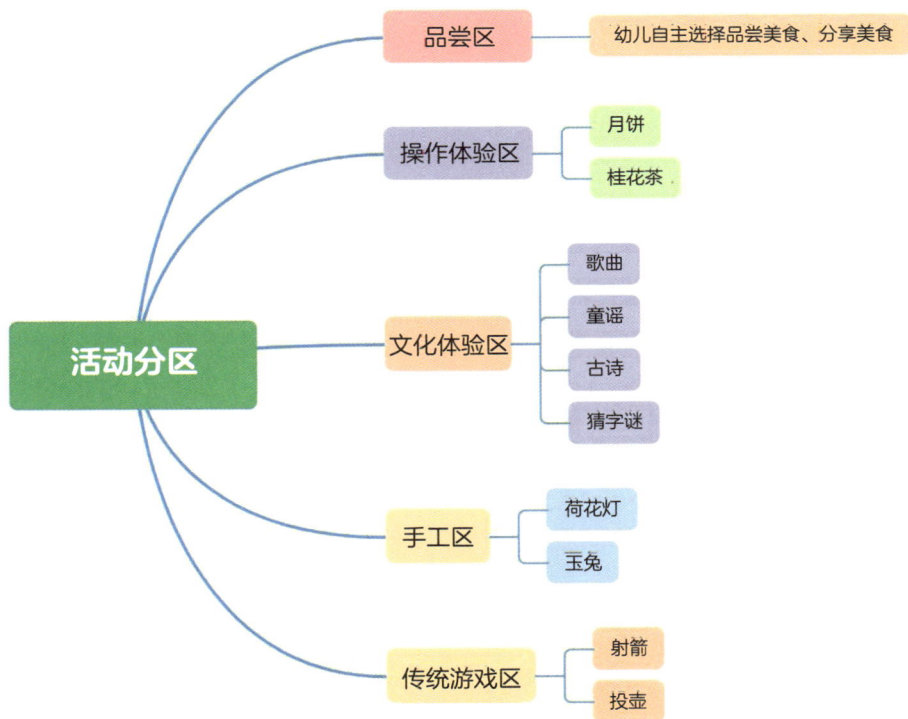

二、班级分工

区域	班级	活动内容	材料准备	人员分工
文化区 手工区	小一班	射箭、投壶，做月饼，制作玉兔、荷花灯、玉兔赏月、桂花树	自制或购买玩具弓箭、奶粉桶、树枝、卡纸、水彩笔，提前打印中秋素材	1. 班级教师提前准备活动材料。2. 教师分组组织幼儿活动，生活老师及家长代表协助补充材料、引导幼儿参与活动。
文化区 手工区	小二班	月饼涂颜色、粘贴	提前打印月饼素材、白纸、水彩笔、胶水	1. 班级教师提前准备活动材料。2. 教师分组组织幼儿活动，生活老师及家长代表协助补充材料、引导幼儿参与活动。
美食区 手工区	中一班	制作月饼、桂花茶	制作冰皮月饼需要用到面粉、碱水、馅料（红豆沙馅、绿豆沙馅、蛋黄馅）、花生油、盐、转化糖浆、月饼模具、固体饮料粉、桂花、水、杯子	1. 班级教师提前准备好各种食材。2. 班级教师分组组织幼儿操作体验，生活老师及家长代表协助补充材料。
美食区 手工区	中二班	做兔子面具、兔子折纸	彩色卡纸、剪刀、胶水	1. 班级教师提前准备好各种食材。2. 班级教师分组组织幼儿操作体验，生活老师及家长代表协助补充材料。
美食区 文化区	大一班	做灯笼、花灯，挂灯笼、放花灯、制作桂花茶	牛奶盒、各色硬质纸板、彩笔、胶水、柠檬片、枸杞、茉莉花、菊花、玫瑰花、陈皮	1. 班级教师提前准备好各种食材。2. 班级教师分组组织幼儿操作体验，生活老师及家长代表协助补充材料。
美食区 文化区	大二班	猜字谜、表演诗会	谜语、诗词若干	1. 班级教师提前准备好各种食材。2. 班级教师分组组织幼儿操作体验，生活老师及家长代表协助补充材料。

三、环境创设图片

传统游戏区

手工区

操作体验区

文化体验区

四、美食做法

（一）月饼

【红豆沙馅】

第一步：转化糖浆、碱水、花生油、盐搅拌均匀。

第二步：加入过筛好的面粉搅拌均匀成团。

第三步：松弛好面团，取出分割为大小均匀的饼皮。

第四步：红豆沙馅料平均分割为 45 克每个，饼皮压平整放入馅料，用虎口推紧、用于搓圆。

第五步：依次包好，放入模具里面，按压出形状后倒出，摆整齐。

第六步：烤箱提前预热至 200℃，入炉前表面喷一层水，用 180℃烤 8 分钟定型拿出。

第七步：表面刷蛋液，用毛刷均匀地薄薄刷一层，上火 180℃下火 140℃ 12 分钟看上色后取出。

【蛋黄馅】

第一步：把蛋黄放入烤箱，以 180℃烤 8 分钟，加入面粉搅拌调匀后用手揉成团。

第二步：把烤熟的蛋黄压碎（最好过滤一遍，更细腻）。

第三步：加入肉松和莲蓉，把三种馅料混合均匀，称 30 克一份，搓圆备用。

第四步：把面团拿出来，称 25 克一份，搓圆备用。

第五步：按扁一个圆面团，放入馅料，搓微微椭圆形放入磨具。

第六步：放一个鸡蛋黄，加一点点水搅拌开，备用。

第七步：放入烤箱，以 180℃烤 5 分钟定型。

第八步：取出刷蛋液，用同样方法放入烤箱以 180℃烤 10 分钟。

（二）桂花茶

第一步：首先提前准备好桂花。

第二步：杯子倒入水（水温 90℃～95℃）后放桂花泡 5 分钟，还可以放入陈皮、冰糖。

第三步：用搅拌棍搅拌后即可饮用。

第四节　冬季篇：过了腊八就是年，一年一岁一团圆

过了腊八就是年，一年一岁一团圆
—— "遇冬之宴席欢腾" 食育活动园级活动设计

一、活动背景

　　"小孩小孩你别馋，过了腊八就是年，腊八粥，吃几天，哩哩啦啦二十三"，每当这首童谣响起时，我们就知道腊八节即将来临。腊八节是中国传统节日之一，有上千年的历史，无论是温暖美味的腊八粥，香甜软糯的腊八饭，五彩"冰"呈的腊八冰，还是年味十足的腊八蒜，都是这个节日专属的味道。为了让孩子们了解中国传统节日的文化及习俗，感受节日带来的温暖和快乐，我们开展了"遇冬之宴席欢腾"食育活动。活动以"腊八节"为主题，我们和孩子们共同创设了美食区、文展区、乐玩区，在品一品、做一做、玩一玩的体验式活动中，通过直接感知、亲身体验和实际操作来了解、感知腊八节的由来、文化和习俗，感知中国传统文化。

二、活动主题：过了腊八就是年，一年一岁一团圆——"遇冬之宴席欢腾"食育活动

三、活动目标

　　（1）知道每年农历十二月初八是我国传统节日腊八节，了解、感知腊八节的由来、文化和习俗。

　　（2）知道制作腊八粥的主要食材，乐意参与各类美食和手工的体验活动。

四、活动安排

（一）班级活动

　　各班级自主开展腊八节教育活动，了解、感知腊八节的由来、文化及习俗，以班级为单位自主发起"什么是腊八节""腊八节可以做什么""你们想怎么过腊八节""你知道

哪些腊八节的美食"等话题讨论，通过调查、分享、投票等方式，确定各班级腊八节活动主题，自主征集家长代表，活动现场制作腊八节美食。根据各班级幼儿兴趣分为以下区域：

小班——腊八粥、腊八蒜。

中班——粘火勺、创意手工。

大班——剪窗花、写福字。

以班级为单位，班级教师和幼儿一起策划、商量区域位置、布局、材料等，师幼共同创设各区域环境，共同收集各区域材料和工具，活动过程中注意收集幼儿的各类活动照片、绘画或手工作品。

（二）园级活动

活动环节	活动内容
环节一	1. 班级教师组织幼儿到场地排队，集合整队，主持人介绍本次活动。 2. 园长讲话并宣布活动开场。
环节二	1. 领队教师带领各班幼儿跳集体热身舞蹈《过了腊八就是年》。 2. 观看表演——情景剧《腊八节的由来》、能说会道《腊八知识我来说》。 3. 主持人宣讲规则，宣布游园环节开始。
环节三	分区域幼儿自由体验制作。 注意各区域教师站位及分工。
环节四	主持人请幼儿分享体验。
环节五	1. 教师分批次带领幼儿回班级清洁整理，为进餐做准备。 2. 教师及家长代表带领部分幼儿收拾整理物品。

五、活动准备

准备类别	准备内容
服装	1. 教师、幼儿和家长代表都穿红色喜庆的衣服。 2. 各班级美食区家长戴口罩、手套。 3. 参与美食烹饪的家长系蓝色围裙、戴袖套。 4. 参与美食烹饪的幼儿系橘色围裙、戴袖套。

准备类别	准备内容
环境	1. 园级环境：大型气球拱形门一个，8 组小型气球，旗台展示背景内容。 2. 班级环境：各班级提前制作展板。 3. 班级教室宴席进餐区布局及各桌编号。 4. 班级菜品烹饪区布局由师幼共同商定。 5. 班级菜品摆盘布局由师幼共同商定。
场地分区	1. 大厅宴席环境：两张桌子拼成一张大桌，每桌坐 9 ~ 10 名幼儿。 2. 班级宴席环境：师幼根据班级情况共同商定，品尝环节幼儿自己选择同伴。
工具	班级教师带领幼儿一同准备材料，有需要园级提供的材料，提前上报。
食材	各班级现场烹饪的特色菜品所需食材及调味品，提前上报名称，发送到微信群里。
经验准备	1. 幼儿经验准备：各班级幼儿了解腊八习俗，如吃腊八粥、粘火勺等。班级幼儿有自己制作腊八节美食的经验。 2. 家长经验准备：各班级家长熟悉班级腊八节美食做法。 3. 教师经验准备：熟悉活动方案，做好班级教师及家长代表分工。
音乐	1. 入场环节（欢快轻音乐）。 2. 幼儿展示环节（新年喜庆音乐）。 3. 家长展示环节（新年喜庆音乐）。 4. 幼儿制作环节（欢快轻音乐）。 5. 进餐环节（轻音乐）。

准备类别	准备内容	
分工内容	1. 活动方案。 2. 活动主持。 3. 活动音乐。 4. 环境创设。 5. 活动拍照。	6. 活动摄像。 7. 应急处理。 8. 材料准备。 9. 活动宣传。

过了腊八就是年，一年一岁一团圆

——"遇冬之宴席欢腾"食育活动班级活动设计

一、活动区域简介

（一）区域简介

本次宴席欢腾活动"美食区"，分为操作区和品尝区，提供腊八粥、腊八蒜、粘火勺，由各班级幼儿和家长代表现场制作，供全园幼儿领取美食、品尝美食；"乐玩区"，幼儿在教师及家长的带领下体验腊八节传统习俗，如剪窗花、写福字、创意手工等活动；"文展区"，供幼儿欣赏新春文化以及腊八节美食。

（二）活动网络图

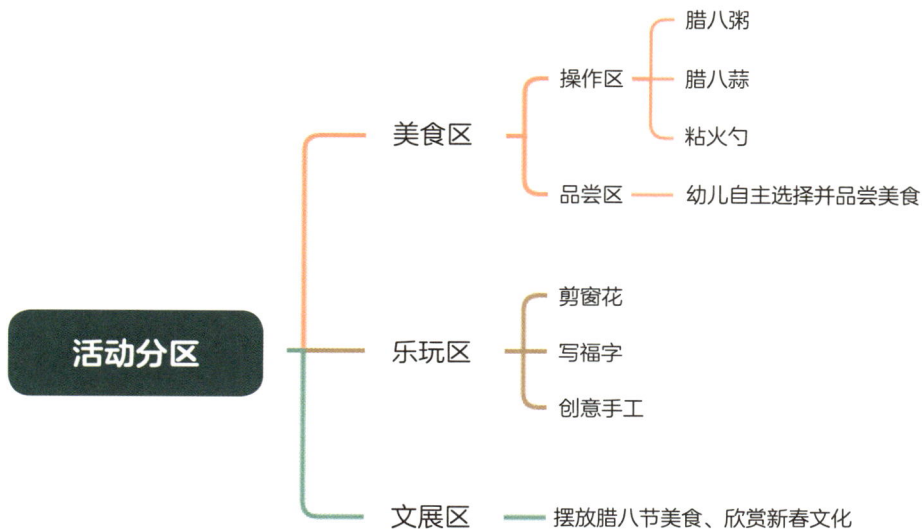

```
                                        ┌─ 腊八粥
                          ┌─ 操作区 ─────┼─ 腊八蒜
               ┌─ 美食区 ──┤             └─ 粘火勺
               │          └─ 品尝区 ────── 幼儿自主选择并品尝美食
               │
               │                        ┌─ 剪窗花
【活动分区】────┼─ 乐玩区 ──────────────┼─ 写福字
               │                        └─ 创意手工
               │
               └─ 文展区 ────── 摆放腊八节美食、欣赏新春文化
```

二、人员分工

区域	班级	活动内容	材料	人员	职责
美食区	小一班	腊八粥	糯米、黑米、小米、花生、红豆、红枣、莲子、枸杞、塑料碗、勺子、冷水壶、开水壶、锅、电磁炉	一名教师、两名大班幼儿	负责幼儿排队，引导幼儿领取食物。
				两名家长	1. 负责将腊八粥分装在杯里，随时调整食物的摆放。 2. 食物不够时，及时联系制作的家长补充食物。 3. 辅助幼儿体验，关注幼儿操作规则与操作习惯。
	小二班	腊八蒜	大蒜、盐、糖、米醋、勺子、密封容器、冷水壶	一名教师、两名大班幼儿	负责幼儿排队，引导幼儿领取食物。
				一名家长	1. 负责将腊八蒜分装在盘子里，随时调整食物的摆放。 2. 食物不够时，及时联系制作的家长补充食物。
				两名家长	辅助幼儿体验，关注幼儿操作规则与操作习惯。

区域	班级	活动内容	材料	人员	职责
美食区	中一班	粘火勺	红豆、糖、糯米粉、面粉、酵母、菜油、菜板、刀、电饭煲、冷水壶、平底锅	一名教师、两名大班幼儿	负责幼儿排队，引导幼儿领取食物。
				一名家长	1. 负责将粘火勺分装在盘子里，随时调整食物的摆放。 2. 食物不够时，及时联系制作的家长补充食物。
				两名家长	辅助幼儿体验，关注幼儿操作规则与操作习惯。
乐玩区	大一班	剪窗花	彩色手工折纸、剪刀、铅笔	一名教师	负责整个区域的秩序以及拍照、录视频。
				两名家长、两名大班幼儿	1. 引导幼儿到相应区域桌面进行操作，注意讲解剪刀的使用、取放规则。 2. 在操作过程中，引导幼儿将垃圾丢进垃圾桶，作品可以展示在展示架上。
	大二班	写福字	正方形的红色卡纸、毛笔、记号笔	一名教师	负责整个区域的秩序以及拍照、录视频。
乐玩区	大二班	写福字	毛笔、排笔、红纸	两名家长、两名大班幼儿	1. 家长辅助幼儿撰写福字，并提醒幼儿写完后将作品呈现到指定位置。 2. 提醒幼儿在写的过程中不要将墨水溅到身上。
	中二班	创意手工	红色卡纸、超轻黏土、红豆、黑米、小米、玉米、红枣	一名教师	负责整个区域的秩序以及拍照、录视频。
				两名家长、两名大班幼儿	1. 家长与幼儿共同制作创意手工。 2. 在操作过程中，引导幼儿将垃圾丢进垃圾桶，注意讲解材料使用规则，作品可以展示在展示架上。

续表

区域	班级	活动内容	材料	人员	职责
文展区	大班组		摆好盘的腊八节美食、新春装饰品、新春手工作品、展示架	一名教师	引导幼儿观赏展示区美食、手工作品等，不随意拿取展示区物品。

注意：
1. 领取餐食时需排队。
2. 将产生的垃圾丢到指定的垃圾桶里。

三、美食制作图片

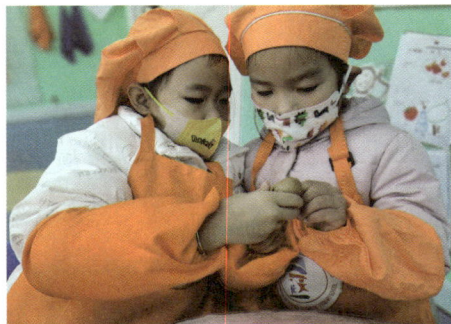

认识食材

处理食材

清洗食材　　　　　　　　熬腊八粥

享腊八粥

四、美食做法

（一）腊八粥

第一步：准备糯米、黑米、小米、花生、红豆，并提前浸泡好。

第二步：准备好枸杞、红枣、莲子。

第三步：先将枸杞、红枣、莲子洗净倒入锅中，再将泡好的糯米、黑米、小米、花生、红豆一起倒入锅中。

第四步：加清水烧开，转小火，熬煮1小时后即可。

（二）腊八蒜

第一步：大蒜瓣去皮，擦净，不能沾水。

第二步：放到干净的玻璃瓶里，装到大约2/3高度（不要装满）。

第三步：倒入米醋，按自己口味加糖，盖好盖子泡20天，蒜瓣变成碧绿的颜色后即可食用。

（三）粘火勺

第一步：红豆提前用水泡一晚，加水放入电饭煲内，按"煮饭"键，煮好后再加一次水，再煮一次。

第二步：煮好的红豆加入糖，搅拌均匀，按压一下，制成红豆馅。

第三步：碗中加入糯米粉、面粉、酵母、糖、常温水，搅拌均匀，揉成面团，盖上保鲜膜醒发30分钟，制成面团。

第四步：红豆馅15克一个，面团30克一个，团成小球。

第五步：将面团压成饼状，包上红豆馅，收口，再按压成饼状。

第六步：锅中加入少量的油，放入粘火勺，煎至两面金黄即可出锅。

第五章 生活馆活动

第一节 小班生活馆活动设计

剥花生

一、活动目标

（1）探索剥花生的方法，感知花生的特征。

（2）学习用语言表达自己的感受和发现。

（3）体验亲自动手操作的乐趣。

二、活动准备

（一）物品准备

围裙、盘子、垃圾桶、花生。

（二）经验准备

幼儿有剥坚果的经验。

三、活动过程

（一）活动导入

师：瞧！这位是松鼠阿姨。我们一起来跟阿姨打声招呼吧！（请一位教师扮演松鼠阿姨。）今天呀，松鼠阿姨开宴会，她会送给每位小朋友一个礼物。来，我们把小手做成小花的样子，这样礼物就会来了。

师：请拿到礼物的小朋友跟着老师坐在椅子上。

师：你们拿到的礼物是什么呀？（花生）那我们一起来尝尝吧！

（二）认识花生

师：嗯！花生真香呀！那小朋友再来看看这是什么呀？（一颗花生）轻轻地打开花生，看，这是什么？（硬硬的花生壳）

里面住着花生宝宝（花生米），看看，里面住着几个花生宝宝？我们一起来数一下！

总结：一颗花生外面有硬硬的花生壳，花生里面的花生米有的多有的少。

（三）认识花生米

师：那小朋友看看这个花生宝宝长什么样子呀？（穿着一件红衣服）

我们帮它脱掉红衣服，看看里面是什么样子的？（白白的肉）

总结：白白的花生米穿着一件红衣服。

（四）探索剥花生的方法

师：刚刚每个小朋友都吃了松鼠阿姨的礼物——一粒香喷喷的花生米，那还想不想再吃一点？（想）

那我们就一起动手吧！我们可以剥给自己吃，可以剥给好朋友吃，还可以剥给客人老师吃。（老师巡回观察、指导，提醒幼儿可以用桌子上的工具。）

请小朋友轻轻地坐到自己的椅子上。

师：你是怎么剥花生的？（引导小朋友自己说出方法并做示范。）

（五）制作分享

（1）出示花生作品，问：这是用什么做的呀？（花生）

（2）那我们带着花生一起去做一做、玩一玩吧。

（六）活动延伸

请幼儿回家后和爸爸妈妈一起分享剥花生的方法。

学会剥花生的方法

尝试用不同的方式剥花生

用手指尖剥花生

和同伴一起剥花生

搓汤圆

一、活动目标

（1）初步培养幼儿捏、搓、揉的基本技能。

（2）体验制作汤圆的乐趣。

二、活动准备

（一）物品准备

围裙、盆、锅、碗、盘子、勺子、红糖、开水、糯米粉。

（二）经验准备

幼儿有将黏土搓成球的经验。

三、活动过程

（一）活动导入

师：出示《汤圆一家》图片，提问：一起来看看这个图片，上面有什么？是什么形状？什么颜色的呢？

师小结：这是汤圆，是圆形的，白白的。

师：你吃过汤圆吗？吃过什么味道呢？接下来我们一起来听听汤圆的故事吧！

（二）认识汤圆

（1）阅读故事《汤圆一家》，感受故事不同角色的特点。幼儿将家庭成员与汤圆——对应。

（2）教师介绍涵涵的一家，引导幼儿发现故事角色的特点：爷爷高高的、奶奶矮矮的、爸爸瘦瘦的、妈妈胖胖的、涵涵小小的。

（3）观察不同的汤圆，根据形状引导幼儿猜测，并说明理由。

（4）教师完整讲述故事，幼儿倾听并理解故事。

（三）制作汤圆

师：小朋友们，接下来我们要把这一袋粉变成汤圆，首先我们先将汤圆粉倒在盆子里面，再加入水，然后用我们洗干净的小手揉成一团面团，就可以搓小汤圆啦！把我们搓好的汤圆放在盘子里面就成功啦！接下来我们就开始制作汤圆咯！

（四）探索搓汤圆的方法

教师讲解搓汤圆的方法。（将面团搓成圆圆的形状—压成饼状—在中间包上红糖馅—收口后面搓成圆圆的形状，汤圆就制作好啦。）

师：你是怎么搓汤圆的？（引导小朋友自己说出方法并做示范。）

（五）品尝分享

（1）出示汤圆作品，问：这是用什么做的呀？（汤圆粉）

（2）那让我们带着自己搓的汤圆到锅里面去煮一煮吧！

（3）品尝汤圆。

（六）活动延伸

请幼儿回家后和爸爸妈妈一起分享搓汤圆的方法。

教师示范搓汤圆的方法

教师将搓好的汤圆给幼儿观察

水果拼盘

一、活动目标

（1）了解制作水果拼盘需要的基本材料及工具。

（2）尝试制作水果拼盘，体验制作过程中的乐趣，并与同伴分享快乐。

（3）通过小组合作，对制作美食感兴趣。

二、活动准备

（一）物品准备

香蕉、苹果、火龙果、葡萄、橙子、草莓各 5 斤，20 个儿童菜板、20 把儿童菜刀、6 个透明食品盒、35 个盘子。

（二）经验准备

教师有水果拼盘的制作经验。

三、活动过程

（一）活动导入

师：你们喜欢吃水果吗？喜欢吃哪些水果？（幼儿自由讲述）

师：原来小朋友们都喜欢吃苹果、香蕉、火龙果、葡萄、橙子，你知道这些可以做什么吗？（幼儿自由讲述）

师：今天我们就来学一学怎么做水果拼盘吧！首先我们来看看做水果拼盘需要什么材料。（边说边出示材料）

（二）家长示范制作水果拼盘

师：接下来老师给大家示范一下怎么制作水果拼盘，小朋友们要认真看仔细哟。（教师边示范边介绍工具）

第一步：我们要将水果洗干净。

第二步：将你喜欢的水果用刀切成你喜欢的形状。

第三步：把切好的水果摆在盘子里，可以摆成卡通图案或者任何你喜欢的图案。

师：宝贝们学会制作水果拼盘了吗？接下来我们就一起制作吧！制作前我们有几个小规则要告诉大家。第一，我们要分组进行制作；第二，使用刀的时候一定要小心操作；第三，要安静有序地进行活动。

（三）分组制作水果拼盘

一组：3名幼儿清洗水果，5名幼儿将自己喜欢的水果切成自己喜欢的形状，5名幼儿进行摆盘。每组一名教师协助幼儿。

二组：5名幼儿清洗水果，10名幼儿将自己喜欢的水果切成自己喜欢的形状，7名幼儿进行摆盘。每组一名教师协助幼儿。

（四）品尝分享

（1）制作完成后，将水果拼盘装好。

（2）回班级品尝并分享水果拼盘。

小结：今天我们一起制作了水果拼盘，小朋友们自己清洗、切水果，并将水果摆盘，摆出了自己喜欢的图案，还和其他小朋友分享了美味的水果拼盘，小朋友们越来越棒了。

（根据幼儿操作中的问题与成果进行小结）

（五）活动延伸

请幼儿回家后和爸爸妈妈一起再次体验制作水果拼盘，并和家人一起分享！

介绍如何制作水果拼盘

准备切苹果啦

摆了一个"大树"造型

摆了一座"小山"造型

第二节　中班生活馆活动设计

黄金南瓜饼

一、活动目标

（1）通过实践活动，亲身体验南瓜饼的制作过程。

（2）通过揉捏面团的过程，锻炼手部肌肉及精细动作，感受制作美食带来的快乐。

（3）在烹制的过程中培养热爱劳动的素养，并在劳动中树立防护意识，体验烹饪的乐趣。

二、活动准备

（一）物品准备

南瓜、白砂糖、糯米粉、面粉、2 个大盆子、2 把搅拌勺、食用油、平底锅、盘子、一次性手套、蒸锅、12 个儿童菜板、12 把儿童菜刀。

（二）经验准备

一起观看南瓜饼制作视频。

三、活动过程

（一）活动导入

师：秋天到了，农作物丰收了。老师给大家念一首儿歌，大家听听儿歌里说的是什么农作物。（老奶奶，收南瓜，南瓜甜，南瓜大，拿不动，抱不下。走来一个小娃娃，拉着小车笑哈哈，帮助奶奶送南瓜。）儿歌里说的是什么？（南瓜）

（二）认识食材

出示南瓜与面粉，师幼共同讨论使用南瓜可以制作的美食，引出今日制作南瓜饼活动。

1. 教师出示南瓜

师：大家看这是什么？（南瓜）你在哪里见过它？小朋友们观察一下，然后说一它是什么形状和颜色。你还见过其他形状和颜色的南瓜吗？

师：小朋友们观察得很仔细，那小朋友来摸一摸、闻一闻南瓜吧。（教师请幼儿感受）摸着是什么感觉？闻着是什么味道？

师：原来南瓜摸起来硬硬的，闻起来香香的。

2. 教师将南瓜切开，幼儿观察

师：南瓜肚子里有什么？（教师请幼儿依次观察、感受，介绍南瓜的瓜瓤、南瓜籽）

师：你以前吃过南瓜吗？是什么味道？南瓜可以怎么吃？你有没有吃过南瓜饼呢？那今天我们来做一些南瓜饼吧。

（三）教师讲授制作步骤

第一步：将南瓜洗干净。

第二步：将洗干净的南瓜削皮并切成小块。

第三步：放入蒸锅，待蒸锅冒热气后再蒸 10 分钟，将南瓜彻底蒸熟。（上锅蒸的具体时间根据切块大小而定）

第四步：蒸熟后取出，先将南瓜压成泥，再加点白砂糖，然后逐量加糯米粉、面粉，揉成不会散开的南瓜面团。

第五步：先将南瓜面团分为均匀大小的小块面团，再压扁成饼状。

第六步：取一口干净的平底锅，先将锅烧热后放少许油，再放入南瓜饼小火煎烤，煎至一面定型再翻另一面，两面煎至金黄后盛出。

师：小朋友们听得特别仔细，接下来我们要开始制作南瓜饼啦，在制作之前要告诉大家几个小规则：第一，我们要分组进行制作；第二，使用刀的时候一定要小心操作；第三，要安静有序地进行活动。

（四）制作南瓜饼

一组：6 名幼儿准备食材，其中 2 名幼儿清洗南瓜，4 名幼儿削皮、切块并放进蒸锅。

二组：6 名幼儿揉南瓜面团，其中 2 名幼儿清洗刀具和菜板，1 名幼儿准备盘子。

每组一名教师协助幼儿，完成准备工作后，将南瓜饼放入平底锅进行煎烤。

（五）品尝分享

（1）制作完成后，将南瓜饼装好。

（2）回班级品尝并分享南瓜饼。

小结：今天我们一起制作了南瓜饼，小朋友们今天自己清洗、削皮、切块、压泥、加面粉、揉面团、煎南瓜饼，并和其他小朋友分享了南瓜饼，给小朋友的进步点赞。（根据幼儿操作中的问题与成果进行小结）

（六）活动延伸

请幼儿回家后和爸爸妈妈一起再次体验制作南瓜饼，并和家人一起分享！

把南瓜切成块

南瓜捣成泥

加入面粉揉成南瓜面团

煎烤南瓜饼

狼牙土豆

一、活动目标

（1）了解土豆的营养价值。

（2）了解土豆基本的烹调方法，学会制作狼牙土豆。

（3）体会与同伴分享的乐趣。

二、活动准备

（一）物品准备

土豆、锯齿刀、果皮刀、菜板、菜盆、食用油、盘子、调料、筷子。

（二）经验准备

幼儿会使用果皮刀、锯齿刀。

三、活动过程

（一）猜谜语激发幼儿兴趣

师：小朋友们，今天老师带来了一个关于蔬菜的谜语——"圆绿叶，开白花，结个黄蛋在地下"，你们猜猜这是什么呀？（土豆）

师：对了，就是土豆，那你们知道土豆可以怎样吃吗？

（二）观看图片和视频，了解狼牙土豆的制作方法

师：小朋友们说了很多关于土豆的吃法，那今天我们来做小朋友们平常都很喜欢吃的狼牙土豆。让我们先来看看狼牙土豆具体是怎么制作的吧。

师幼一起观看狼牙土豆的制作视频，梳理小结。

1. 教师介绍制作狼牙土豆的工具

师：首先土豆需要削皮，用到了果皮刀；然后需要切成锯齿形状，用到了锯齿刀；此外还用到了菜板、锅铲、菜盆、盘子等。

2. 教师介绍制作狼牙土豆的具体流程

（1）先用果皮刀将土豆削皮，再切成厚度适中的土豆片。

（2）用专门的锯齿刀把每一片土豆切成土豆条。

（3）在旁边放一大碗冷水，把切好的土豆条放进冷水里浸泡。为什么要浸泡在水中呢？因为土豆淀粉含量高，遇空气容易变色。

（4）切完之后再用冷水把土豆条冲洗2遍后捞起沥水。

（5）将锅烧热后倒油，将油烧热。

（6）当油烧至冒热气时，将沥干水的土豆条下锅油炸，这时要避免被油烫伤。如果不小心被烫伤，务必及时告诉老师。

（7）炸好后捞起土豆条，放入盐、生抽、醋、蒜泥、花椒油（粉）、葱花、香菜、孜然粉、五香粉拌匀即可，喜欢吃辣的可加小米辣调味。

（8）结束后及时清洗和沥干自己的菜板和刀具，做好灶台清洁工作。

（三）分组尝试制作，教师巡回指导

幼儿分成6个小组，每个小组自由讨论分工，例如：哪些小朋友负责削土豆皮，哪些小朋友负责清洗土豆，哪些小朋友负责切土豆条，哪些小朋友负责浸泡土豆条，哪些小朋友负责炸土豆条。幼儿分工后同时进行操作，3名教师巡回协助指导。

（四）集体分享与品尝

师：我们的狼牙土豆已经炸好了，现在最重要的一步是小朋友要自己放调料、品尝。请小朋友分组去用碗盛土豆，根据自己的口味放调料，完成后的小朋友回到自己的位置上品尝。

（五）整理清洁，结束活动

整理好材料，做好清洁，保持教室干净卫生，结束活动。

（六）活动延伸

请幼儿回家后和爸爸妈妈一起再次体验制作狼牙土豆，并和家人一起分享！

土豆削皮

清洗土豆

用锯齿刀切土豆条

加入调料

水果糖葫芦

一、活动目标

（1）简单了解草莓、葡萄、圣女果、香蕉等常见水果的营养价值。

（2）初步了解水果糖葫芦的制作步骤。

（3）能够在成人的协助下尝试制作水果糖葫芦。

（4）体会与同伴分享的乐趣。

二、活动准备

（一）物品准备

各种水果、竹签、盘子、平底锅、铲子、冰糖、菜板、水果刀。

（二）经验准备

幼儿有过吃糖葫芦的经验。

三、活动过程

（一）活动导入，激发兴趣

在教室创设实物展台，幼儿提前将自己收集到的各种水果摆放于展台上。

（二）谈话分享，了解常见水果营养价值

（1）请幼儿介绍调查到的水果营养价值，品尝水果的味道。

（2）师幼讨论：你知道水果有哪些不同的吃法吗？

（3）引出今天的活动主题——制作水果糖葫芦。

师：有小朋友吃过水果做的糖葫芦，很特别。你知道它是什么样子的吗？是怎么做的呢？

（三）观看视频，了解水果糖葫芦的制作方法

师：今天，我们要一起尝试用水果制作不同口味的糖葫芦。

师幼一起观看糖葫芦的制作视频，梳理小结。

1. 教师介绍制作水果糖葫芦需要的水果

师：做糖葫芦可以用很多类型的水果，常见的有山楂、草莓等。今天我们会用到草莓、

葡萄、圣女果和香蕉。

2. 教师介绍制作糖葫芦的工具

师：做水果糖葫芦会用到竹签、盘子、平底锅、铲子等工具。

3. 教师介绍制作水果糖葫芦的具体流程

（1）准备好所有的食材。

（2）将水果切好后晾干。

（3）将处理好的水果全部用竹签串起来。注意竹签尖，小心别刺到自己和旁边的人。

（4）取出干净的平底锅。

（5）锅中放入1：1的冰糖和清水。如果水果串得比较多，可以增加冰糖的量，只要保证冰糖和水是1：1的比例就可以了。

（6）用大火将冰糖煮至融化。

（7）当看见锅里出现大泡泡的时候，立刻改为小火慢煮。

（8）用小火慢慢熬煮，直到锅中的糖浆出现大量的气泡，而且颜色变得微微发黄，糖浆就熬好了。

（9）将水果串快速地在糖浆表面滚一圈，整个过程一定要非常迅速，注意安全，避免烫伤。

（10）将裹了糖浆的水果串放在盘里冷却。

（四）分组尝试制作，教师巡回指导

幼儿分成7个小组，每个小组1名家长代表参与协助指导，班级教师巡回指导。第1～3组进入生活体验馆进行操作，第4～7组在教室利用班级生活区进行操作。

（五）集体分享与品尝

各小组将制作好的水果糖葫芦放置于展台上，幼儿分组围坐，分享自己制作的糖葫芦作品，并与同伴一起品尝。

（六）整理清洁，结束活动

整理好材料，做好清洁，保持操作室干净卫生，结束活动。

（七）活动延伸

请幼儿回家后和爸爸妈妈一起再次体验制作水果糖葫芦，并和家人一起分享！

把水果切成小块

熬制糖浆

把水果串在竹签上

第三节　大班生活馆活动设计

桂花蜜藕

一、活动目标

（1）了解制作桂花蜜藕的所需食材及步骤。

（2）掌握削皮、切的技能，并亲身体验动手制作美食。

（3）喜欢参与食育活动，对制作美食感兴趣。

二、活动准备

（一）物品准备

莲藕、糯米、桂花蜜、大枣、红糖、冰糖、锅、削皮刀、菜板、牙签、盘子、勺子。

（二）经验准备

幼儿了解生活体验馆的相关工具及使用方法。

三、活动过程

（一）活动导入

师：每年 10 月是莲藕丰收的季节，你们吃过莲藕做的美食吗？都吃过哪些呢？

（二）了解莲藕的营养价值

师：莲藕有哪些营养价值呢？请小朋友们说一说吧。

小结：莲藕不仅能够清热生津、凉血止血、补益脾胃，而且清脆可口，可以做很多种美食。今天我们就要制作一道莲藕美食，名字叫"桂花蜜藕"，你们知道这道美食是用什么制作的吗？让我们一起来了解一下吧。

（三）了解制作桂花蜜藕的食材及工具

（1）认识食材：教师逐一介绍莲藕、糯米、桂花蜜、大枣、红糖、冰糖等食材。

（2）认识工具：教师逐一介绍锅、削皮刀、菜板、牙签、盘子、勺子等工具。

（四）教师示范制作桂花蜜藕

第一步：准备好食材，将莲藕去皮洗净。

第二步：把藕切成两段，将提前泡好的糯米塞进莲藕的藕孔里。

第三步：用牙签将莲藕固定好，做好之后放进锅里，加水，没过藕即可。

第四步：在锅中放入红糖、冰糖、大枣煮 2 小时。

第五步：将牙签从煮好的莲藕里取出一切片摆盘。

第六步：淋上桂花蜜即可。

（五）分组制作桂花蜜藕

一组：5 名幼儿准备食材，包括莲藕削皮，取糯米。

二组：2 名幼儿准备调料，包括红糖、冰糖、桂花蜜、大枣。

三组：2 名幼儿现场制作，其中 1 名幼儿制作，1 名幼儿协助取食材。

幼儿分组制作，教师巡回指导。

（六）品尝分享

（1）制作完成后，切片装盘，淋桂花蜜。

（2）品尝分享桂花蜜藕。

（3）幼儿分享感受。

小结：今天我们一起制作了桂花蜜藕，小朋友们自己削莲藕皮、塞糯米，亲自体验了制作的过程，还把制作的美食和其他小朋友分享了，小朋友们今天有什么感受呢？（根据幼儿的感受与问题给予回应并小结）

（七）活动延伸

今天的桂花蜜藕味道怎么样呢？是不是甜甜蜜蜜的呢？记得回家把这份甜蜜分享给你的家人哟。

洗藕

削藕皮

和同伴合作削藕皮

塞糯米

麻婆豆腐

一、活动目标

（1）了解制作麻婆豆腐的材料以及方法。

（2）能够小组合作，共同参与制作麻婆豆腐。

（3）品尝麻婆豆腐，享受制作美食带来的乐趣。

二、活动准备

（一）物品准备

豆腐、葱、淀粉、香菜、油、豆瓣酱、盐、花椒粉、炒锅、儿童菜刀、儿童菜板、盘子、勺子。

（二）经验准备

知道生活体验馆儿童菜刀、儿童菜板的摆放位置和清洗方法，知道切菜、择菜的步骤，教师具备做麻婆豆腐的经验。

三、活动过程

（一）活动导入

师：我们上次投票选出来了想要制作的美食，今天我们要制作的是什么呢？我这里有一个谜语，请你们猜一猜：白白胖胖正方形，轻轻一捏就搓泥，锅里面游来游去，炒好味道香喷喷。是什么呢？（豆腐）

师：对的，今天我们就要一起制作麻婆豆腐，请小朋友们跟我一起到生活体验馆，开始我们的制作吧。

（二）初步了解麻婆豆腐

（1）教师介绍豆腐的营养价值等。（播放相关的视频）

小结：多吃豆腐可以强壮骨骼。豆腐的营养价值较高，且钙质的吸收率可以达到95%，有利于牙齿及骨骼的发育，也可有效预防骨质疏松。

（2）教师介绍制作麻婆豆腐的相关知识，并出示提前制作好的麻婆豆腐，引导幼儿看一看、闻一闻、摸一摸，分享感受。

（三）了解使用儿童菜刀的方法

教师讲解：小朋友在使用儿童菜刀切菜时，左手中指、食指、无名指按住食材，大拇指和小拇指扣住食材两边，固定住食材不滑动，然后右手握刀竖直切下。

（四）家长示范制作麻婆豆腐

第一步：清洗并准备食材。

第二步：先将豆腐切丁，再将择好洗净的葱、香菜切成小段，淀粉加水搅拌均匀。

第三步：锅中烧油放入豆瓣酱。

第四步：倒入豆腐进行翻炒，放入盐及其他调料，倒入淀粉水。

第五步：在锅中煮一煮，继续翻炒，舀出装盘子，撒上葱花和香菜。

（五）分组制作麻婆豆腐

一组：5名幼儿准备食材，包括豆腐切丁，将葱、香菜洗净并切小段。

二组：2名幼儿准备调料，取豆瓣酱，将淀粉加水搅拌。

三组：2名幼儿现场制作，其中1名幼儿制作，1名幼儿协助取食材。

幼儿分组制作，教师巡回指导。

（六）品尝分享

（1）制作完成后，将麻婆豆腐装盘。

（2）品尝麻婆豆腐。

（3）幼儿分享感受。

小结：今天我们一起制作了麻婆豆腐，小朋友们自己清洗食材、切了豆腐，自己体验了制作的过程，还把制作的美食和其他小朋友们分享了，小朋友们今天有什么感受呢？（根据幼儿的感受与问题给予回应并小结）

（七）活动延伸

请幼儿回家后和爸爸妈妈一起再次体验制作麻婆豆腐，并和家人一起分享！

豆腐切丁

用小火煎炸豆腐

翻炒豆腐

美味的麻婆豆腐出炉啦

润肺萝卜汤

一、活动目标

（1）知道萝卜有润肺清热、止咳化痰、补充水分的作用。

（2）掌握正确使用儿童菜刀的方法，能够尝试进行切片、切丝。

（3）喜欢参与食育活动，对制作美食感兴趣。

二、活动准备

（一）物品准备

萝卜、鸡蛋、盐、炒锅、儿童菜刀、儿童菜板、盘子、勺子。

（二）经验准备

教师有制作润肺萝卜汤的经验；幼儿知道生活体验馆工具摆放位置。

三、活动过程

（一）活动导入

师：幼儿园种植园的萝卜成熟啦！我们已经提前将这些熟了的萝卜带到了这里。前期，你们对希望用萝卜制作的美食进行投票，根据投票数，确定了要制作美食的是"润肺萝卜汤"。今天，就让我们一起来感受一下吧，小朋友们准备好了吗？

（二）了解萝卜的营养价值

师：有一句谚语是"冬吃萝卜，夏吃姜"，你们知道为什么冬天要吃萝卜吗？萝卜有什么营养价值呢？

小结：萝卜具有润肺清热、止咳化痰、补充水分的作用，可缓解咳嗽。冬天干燥，身体水分流失较快，萝卜水分含量较高，在 90% 以上，冬天吃萝卜可补充机体水分，促进水液循环。

（三）了解制作润肺萝卜汤的食材及工具

（1）认识食材：教师逐一介绍萝卜、鸡蛋等食材。

（2）认识工具：教师逐一介绍炒锅、儿童菜刀、儿童菜板、盘子、勺子等工具。

（四）教师示范制作润肺萝卜汤

师：你们知道怎么制作润肺萝卜汤吗？接下来老师给小朋友们示范一下制作润肺萝卜汤的步骤，小朋友们可要看仔细哟。

第一步：清洗并准备食材，包括削萝卜皮、打鸡蛋。

第二步：先把萝卜切成片，再切成细细的丝。

第三步：锅中烧油煎鸡蛋，煎好后盛出备用。

第四步：用煎蛋的锅放油后再炒一炒萝卜丝。

第五步：在锅中加水，煮一煮，放入鸡蛋，再煮一煮。

（五）分组制作润肺萝卜汤

一组：4名幼儿准备食材，其中2名幼儿先将萝卜切成片，再切成细细的丝，2名幼儿打鸡蛋。

二组：2名幼儿准备调料，包括油、盐。

三组：2名幼儿现场制作，其中1名幼儿翻炒，1名幼儿协助取食材。

幼儿分组制作，教师巡回指导。

（六）品尝分享

（1）制作完成后，将润肺萝卜汤装碗。

（2）品尝润肺萝卜汤。

（3）幼儿分享感受。

小结：今天我们一起制作了润肺萝卜汤，小朋友们自己清洗食材、切片和切丝，自己体验了制作的过程，还把制作的美食和其他小朋友们分享了，小朋友们今天有什么感受呢？（根据幼儿的感受与问题给予回应并小结）

（七）活动延伸

请幼儿回家后和爸爸妈妈一起再次制作润肺萝卜汤，并和家人一起分享。

将萝卜切成丝

与同伴一起煎鸡蛋

润肺萝卜汤制作完成啦

开始享用吧

后记

当这本书的最后一笔落下，心中涌动的是深深的感慨。回顾我们在幼儿园食育课程探索之路上所经历的一切，犹如品尝了一场丰富而温馨的活动盛宴，每一道菜肴都承载着孩子们成长的故事和老师们的汗水与梦想。

探索之路

在这段旅程中，我们见证了孩子们满怀好奇之心，开始探索各种各样的食物，从一日生活中的食育到食育主题活动，从习惯的养成到食育文化的浸润，在整个过程中，孩子们亲身体验着大自然赋予的馈赠，以稚嫩的小手尝试着烹饪的乐趣，在分享美食时绽放出最真挚的笑容。这些美好瞬间，如同一颗颗闪亮的珍珠，串连起了这段难忘的经历。

成长与收获

通过食育课程，孩子们丰富了对食物的认知，激发了对食物的兴趣，提升了选择健康食物的能力，掌握了餐桌礼仪，养成了良好饮食习惯，并深刻体验和认同了饮食文化。最终，他们成长为喜食、康食、雅食的幼儿。

感恩之心

在此，我要向所有支持和帮助过我们的朋友表示最诚挚的感谢。首先，要特别鸣谢那些因"食"结缘的专业人士与学者们，您们的智慧指导为我们的探索之旅指明了方向；其次，对十陵幼儿园全体教师致以最高的敬意，正是你们无私奉献的精神使得食育课程得以不断完善和发展；同时，也衷心感谢家长们对我们工作的理解和支持，让孩子在家庭与学校之间架起了一座沟通的桥梁；最后，必须提到那些可爱的孩子们，是你们纯真的好奇心激发了老师们对于教育事业更深一层的理解与热爱。

未来展望

正如习近平总书记强调："从儿童时期就应关注健康饮食习惯的培养"。我们希望通过此书能够激励更多教育工作者加入到食育推广的行列中来，共同促进儿童身心健康的全面发展。愿每一个孩子都能在美食的陪伴下，拥有一个快乐而充实的成长过程。

谭芳

2024 年 8 月